LA REVOLUCION GRANADINA 1979–83

Discursos de Maurice Bishop y Fidel Castro

CON UNA INTRODUCCIÓN POR

Steve Clark

PATHFINDER
NEW YORK LONDON MONTREAL SYDNEY

ISBN 978-0-87348-483-1
Número de control de la Biblioteca del Congreso
(Library of Congress Control Number) 2009941797

Impreso y hecho en Estados Unidos de América
Manufactured in the United States of America

Primera edición, 1984
Octava impresión, 2024

PATHFINDER
www.pathfinderpress.com
Correo electrónico: pathfinder@pathfinderpress.com

TABLA DE MATERIAS

INTRODUCCIÓN

El gobierno obrero y campesino de Granada: los logros y el derrocamiento de la revolución

POR STEVE CLARK

A continuación publicamos la introducción al libro Maurice Bishop Speaks *(Habla Maurice Bishop) de Pathfinder Press. Apareció originalmente en español en los números del 16 de abril, 30 de abril y 14 de mayo de 1984 de* Perspectiva Mundial. *Steve Clark es miembro del Comité Nacional del Partido Socialista de los Trabajadores de Estados Unidos.*

EL 12 DE OCTUBRE DE 1983, Maurice Bishop, primer ministro de Granada y dirigente fundador del Movimiento de la Nueva Joya (NJM — New Jewel Movement), fue puesto bajo arresto domiciliario por orden de una camarilla dirigida por el vice primer ministro Bernard Coard e integrada por oficiales del ejército y funcionarios del partido y del gobierno.

El 19 de octubre, Bishop y otros cinco dirigentes centrales del Movimiento de la Nueva Joya y del gobierno revolucionario de Granada fueron asesinados a sangre fría, también por orden del grupo de Coard.

El 25 de octubre, miles de marines y rangers norteamericanos desembarcaron en Granada para ocuparla militarmente y brutalmente revertir los extensos avances logrados por las masas populares gracias a la revolución del 13 de marzo de 1979.

En menos de dos semanas, la revolución granadina había sido traicionada, su gobierno obrero y campesino derrocado por renegados, y la isla invadida y ocupada por el imperialismo estadounidense.

Pathfinder Press publica esta colección titulada *Maurice Bishop Speaks* (Habla Maurice Bishop) porque las palabras de Bishop mismo son la mejor constancia posible de los logros y de las inspiradoras perspectivas de esa revolución, que por cuatro años y medio marchó de brazo en brazo con las revoluciones cubana y nicaragüense. Hacer que este material llegue al público más amplio posible es una responsabilidad elemental de todos los que participan en la lucha contra el imperialismo mundial en nombre de la justicia y libertad para la gran mayoría de la humanidad.

Los discursos y las entrevistas de Maurice Bishop son armas políticas, y no solo para los luchadores revolucionarios en Centroamérica, el Caribe o incluso en todos los países oprimidos de Asia, África, el Medio Oriente y América Latina. También forman parte del arsenal político y de la continuidad revolucionaria de los luchadores por la liberación nacional, la democracia, la paz y el socialismo por todo el mundo, incluyendo al pueblo trabajador en Estados Unidos, Canadá, Gran Bretaña, y otros países imperialistas. Bishop mismo subrayó este significado internacional de la revolución granadina en una entrevista realizada por Andrew Pulley, Diane Wang y el que escribe estas líneas, y publicada primero en la revista socialista *Intercontinental Press* y reimpresa aquí. [La versión en español se publicó en *Perspectiva Mundial,* volumen 4, número 16, 22 de septiembre de 1980.]

Bishop nos dijo que el Movimiento de la Nueva Joya entendía "la importancia de que se unan todas las fuerzas progresistas por todo el mundo. Consideramos que esa lucha es *una* lucha, indivisible. Y reconocemos que lo que pasa en Granada es de importancia para todas las luchas del mundo...

"Nosotros ciertamente damos gran importancia a las actividades, el potencial y las posibilidades del movimiento de la clase obrera norteamericana", dijo Bishop. No solo por su potencial con respecto a la solidaridad con movimientos de liberación nacional y la oposición al belicismo de Washington, sino también "en términos del potencial de dañar mortalmente el sistema capitalista e imperialista internacional desde adentro de las entrañas de la principal potencia imperialista del mundo".

En su entrevista en 1980, y otra vez muy enfáticamente en su discurso en junio de 1983 ante más de 2 500 personas en Nueva York, Bishop subrayó la importancia histórica y el impacto potencial de la revolución granadina sobre la población negra en Estados Unidos. La población de la isla es en un 95 por ciento de origen africano, le recordó a su público en Nueva York, y también es anglófona, facilitando así la comunicación directa con la comunidad negra en Estados Unidos.

Lo que Bishop buscaba comunicar sobre todo era el vínculo indisoluble entre la lucha por la liberación nacional y el socialismo, y la interdependencia mundial de los pueblos que libran esas batallas. El entendía que la victoria de marzo de 1979 en Granada, junto con el triunfo en Nicaragua en julio del mismo año, representaban la extensión de la revolución socialista en las Américas, que había sido iniciada dos décadas antes en Cuba. El le dijo a una concentración en La Habana el Primero de Mayo de 1980 que "nosotros en Granada reconocemos, de la misma manera que reconocen los imperialistas, que sin la revolución cubana de 1959, no podía haber habido una revolución granadina o una revolución nicaragüense en 1979". [El discurso de Bishop se publicó en español en *Granma Resumen Semanal,* 11 de mayo de 1980.]

Bishop también reconoció lo que esto significaba para el imperialismo norteamericano; mucho estaba en juego, cuestionándose la preservación misma del sistema capitalista de explotación y opresión justo frente a sus puertas. "En su primer círculo [los imperialistas] seguramente han colocado a Cuba, Nicaragua y Granada, por ser los países claves que tienen que atacar", explicó Bishop en la entrevista en 1980.

"Cuba, por razones obvias. Es obviamente la vanguardia en esta región.

"Nicaragua por su *tremenda* importancia para Centroamérica. Todo el mundo en Centroamérica quiere ser sandinista". Y Granada, además de las razones ya citadas, porque formaba parte de este proceso revolucionario en marcha.

Como dijo Fidel Castro, "Granada, Nicaragua y Cuba son tres gigantes que se levantan para defender su derecho a la independencia, a la soberanía y a la justicia en las puertas mismas del imperialismo". [Discurso pronunciado en la clausura del II Congreso de la Federación de Mujeres Cubanas el 8 de marzo de 1980, publicado en *Granma Resumen Semanal,* 16 de marzo de 1980.]

La invasión de Granada en octubre de 1983 representa la primera vez que Washington ha utilizado sus propias fuerzas militares en la nueva guerra tipo Vietnam que pretende librar también contra los pueblos de Nicaragua y El Salvador. Revertir la revolución socialista en la región es la máxima prioridad de la clase capitalista estadounidense, su gobierno y sus dos partidos políticos, el Demócrata y el Republicano. Esto explica por qué casi todos los politiqueros de estos dos partidos, tanto liberales como conservadores, se alinearon con la administración Reagan tras la militarmente exitosa embestida contra Granada, pese a que en un principio hubo algunas inquietudes de tipo táctico.

A escala mundial, la correlación de fuerzas se ha alterado desfavorablemente para el imperialismo en la última década. Desde que los patriotas vietnamitas le asestaron una derrota militar en 1973–75, y desde que se agotó una de las más prolongadas expansiones económicas capitalistas, la clase dominante norteamericana ha sufrido nuevos golpes en el Sudeste Asiático, en Irán, y en Centroamérica y el Caribe.

Estos golpes han aumentado el precio político que Washington deberá pagar, tanto dentro del país como en el exterior, cuando utilice sus fuerzas militares en contra de las luchas revolucionarias. La oposición a la intervención, que se generalizó entre la mayoría del pueblo trabajador en Estados Unidos durante la guerra de Vietnam, resurgirá más rápidamente y será más profunda al grado que se desenvuelva la próxima guerra con sus muertes y reveses. Al reconocer que esto va a ocurrir, Washington se ha visto seriamente obstaculizado en sus planes. Esto ya ha sido de importancia decisiva para los obreros y campesinos de Nicaragua, Granada, El Salvador y Cuba. Le ha brindado un espacio de tiempo valioso para consolidar sus revoluciones y preparar la defensa de sus conquistas contra la inevitable escalada de la agresión estadounidense.

Los gobernantes norteamericanos, sin embargo, no piensan esperar hasta que hayan logrado apoyo mayoritario en casa antes de lanzar acciones militares contra las revoluciones en Centroamérica y el Caribe. No pueden aceptar la extensión de la revolución socialista a Nicaragua, después a El Salvador, posteriormente a otros países. Para Washington, los sucesos que abrieron las puertas de par en par a una invasión de Granada crearon una oportunidad dorada para tomar una primera acción decisiva. Ya estando decapitadas las fuerzas revolucionarias y desarmada la población, la victoria sería relativamente barata en términos de dólares y vidas norteamericanas. Con el hecho de la invasión ya consumada se buscó entonces fomentar mayor apoyo para los objetivos políticos y militares de Washington. Las justificaciones para la invasión no fueron presentadas sino hasta después de que se efectuó. La propaganda del hecho vino primero, y después la propaganda verbal.

La respuesta en Estados Unidos a la invasión demuestra que tales acciones por parte de los gobernantes pueden —por lo menos por un tiempo— sembrar confusión y hasta lograr cierto grado de aceptación. Al mismo tiempo, el carácter polarizado de la respuesta, los debates y las discusiones en miles de lugares de trabajo, y las protestas inmediatas contra la invasión por todo el país, todo esto demuestra profundos cambios en la conciencia de la clase obrera en la última década. Estos cambios son resultado no solo de la guerra en Vietnam, sino también de los crecientes ataques contra el empleo, las condiciones de vida, la igualdad racial y los derechos políticos en Estados Unidos.

Si bien las encuestas confirman que existe una oposición mayoritaria a la intervención en Centroamérica, esto no le impedirá a Washington seguir impulsando la guerra contrarrevolucionaria ya en curso contra Nicaragua y contra las fuerzas patrióticas salvadoreñas. Tampoco puede la opinión antiguerra por sí sola frenar la constante escalada de las fuerzas militares norteamericanas en la región, ni la utilización de estos soldados, aviones y cañoneras en lo que podría convertirse en un nuevo Vietnam.

Pero el cambio en la conciencia política de la clase obrera en Estados Unidos y del movimiento obrero *sí* jugará un papel mucho más decisivo y mucho más rápidamente que durante las últimas etapas de la guerra en Vietnam, contribuyendo a garantizar la derrota de las fuerzas invasoras norteamericanas y la victoria de los obreros y campesinos en esos países.

Esa es una razón por la que el dirigente nicaragüense Tomás Borge le dijo a unos sindicalistas canadienses que lo visitaron el verano pasado que, si bien él no estaba muy optimista sobre la posibilidad de preservar la paz, estaba absolutamente optimista en términos de lograr la victoria.

Lo que explica la confianza de Borge en que se pueda lograr la victoria es su convicción de que los obreros y campesinos armados de Nicaragua están comprometidos con defender su revolución, sus conquistas sociales y su soberanía nacional.

Antes de los sucesos que culminaron con la detención y el subsiguiente asesinato de Bishop y de otros dirigentes del NJM, esta misma convicción sobre la disposición de los obreros y campesinos granadinos de defender sus logros sociales daba motivos para creer que si el imperialismo se atreviera a invadir solo conquistaría el país tras una cruenta batalla. Como había advertido Bishop reiteradamente, sería mucho más fácil para los imperialistas desembarcar en Granada que abandonarla con vida.

"Al iniciar el cuarto año de nuestra revolución", dijo Bishop el 13 de marzo de 1982, "está muy claro que la gran fuerza de nuestra revolución reside, primero que todo, en los vínculos inquebrantables entre las masas y el partido; entre las masas y el gobierno; entre las masas y el estado. Es eso lo que le da a nuestra revolución una fuerza invencible, porque las masas ven al partido, ven al estado y al gobierno, como suyos, no como algo ajeno y extraño, o como algo aparte y aislado de ellas, sino como entidades vivas y palpitantes que encarnan sus aspiraciones, sus intereses y sus esperanzas".

Cuando llegó la invasión norteamericana el 25 de octubre, sin embargo, el gobierno obrero y campesino de Granada ya había sido derrocado unos trece días antes. El 12 de octubre el grupo de Coard colocó a Maurice Bishop bajo detención domiciliaria y dio pasos para utilizar cuanta fuerza mortífera fuese necesaria para lograr su propio dominio total. Una semana después, la revolución sufrió otro golpe devastador cuando Bishop, otros cinco dirigentes del NJM, y otros granadinos fueron acribillados por los partidarios de Coard. La primera declaración del nuevo y autoseleccionado "Consejo Militar Revolucionario" fue la imposición de un toque de queda de 24 horas por cuatro días con la advertencia de que quienes lo violaran serían "muertos a la vista". La población entera de Granada fue puesta bajo detención domiciliaria.

"Según nuestro criterio, objetivamente el grupo de Coard hundió la revolución y abrió las puertas a la agresión imperialista", explicó el presidente cubano Fidel Castro a más de un millón de personas reunidas en La Habana el 14 de noviembre para honrar a los constructores y demás colaboradores cubanos muertos durante la invasión norteamericana de Granada.

"Los imperialistas yanquis, apenas se manifestaron las disensiones internas que salieron a la luz el 12 de octubre, decidieron la invasión", explicó.

Como resultado de estos sucesos, dijo Fidel Castro, el nuevo gobierno de Granada "era moralmente indefendible, y el país, donde se había producido un divorcio del partido, el gobierno y el ejército con el pueblo, era también militarmente indefendible, porque una guerra revolucionaria solo es posible y justificable en unión con el pueblo".

El presidente cubano señaló que "El gobierno imperialista de Estados Unidos quiso matar el símbolo que significaba la revolución granadina, pero el símbolo ya estaba muerto. Lo habían destruido los propios revolucionarios granadinos con su división y sus errores colosales. A nuestro juicio, el proceso revolucionario de Granada, después de la muerte de Bishop y sus más allegados compañeros, después que el ejército disparó contra el pueblo, y el partido y el gobierno se divorciaron de las masas y se aislaron del mundo, no podía sobrevivir.

"Estados Unidos, queriendo destruir un símbolo, mató a un cadáver, y a la vez resucitó el símbolo".

El imperialismo trajo la revolución granadina a la atención de millones de obreros y campesinos alrededor del mundo. Trató de destruir el ejemplo de esa revolución, obliterar el "símbolo" en que se había convertido. Pero las lecciones contenidas en esta colección, *Maurice Bishop Speaks*, demuestran que la importancia de este ejemplo va mucho más allá de Granada y el Caribe. Estas son lecciones *vi-*

vientes para todos los que están comprometidos con continuar y aprender de la lucha mundial en que participaba Maurice Bishop.

El gobierno obrero y campesino de Granada

Como explica el periodista cubano Arnaldo Hutchinson en la reseña histórica de Granada que sigue a esta introducción, la isla había sido una colonia —primero de Francia y después de Gran Bretaña— por más de 300 años antes de lograr la independencia política formal en 1974. Los colonialistas franceses exterminaron la población indígena de caribes y arawaks, reemplazándola con una fuerza de trabajo esclava importada en cadenas desde África. Gran Bretaña mantuvo a Granada como fuente de productos agrícolas procesados y empacados por empresas británicas, las cuales se quedaban con casi todas las ganancias. No se permitió que se desarrollara mucha industria en la isla más allá de pequeños talleres artesanales, y la isla fértil y lozana fue mantenida dependiente de alimentos importados. Un reducido núcleo de terratenientes y comerciantes acomodados servía al poder colonial como una base local de apoyo y estabilidad.

Muy poco cambió después de la independencia. El gobierno neocolonial de Eric Gairy, ya consolidado durante la época de administración colonial directa, continuó en el poder. A principios de los años cincuenta Gairy había ganado amplia popularidad como dirigente de la lucha por la independencia y por organizar a los trabajadores agrícolas. Sin embargo, posteriormente utilizó su influencia para sacrificar los intereses del pueblo trabajador de Granada y desarrollar sus propiedades en bienes raíces, turismo y comercio. Su gobierno actuaba para aumentar las ganancias de un puñado de granadinos acomodados, y sobre todo de sí mismo. La economía de la isla continuó supeditada al capital financiero británico, canadiense y norteamericano. Gairy utilizó el gobierno para sacar ventaja contra sus competidores locales y promover sus propios intereses y estrambóticas obsesiones personales. Hizo aprobar leyes antihuelga y otras medidas represivas. Para defender su régimen corrupto y explotador, soltó a sus matones, los de la temida y odiada Mongoose Gang, quienes brutalizaron y asesinaron a sus opositores.

El Movimiento de la Nueva Joya se fundó en 1973 principalmente por la fusión de dos organizaciones establecidas el año anterior: el Movimiento por Asambleas del Pueblo (MAP), cuyo líder era Maurice Bishop, y el Esfuerzo Conjunto por el Bienestar, la Educación y la Liberación [sus siglas en inglés son JEWEL, palabra que significa joya], cuyo portavoz más conocido era Unison Whiteman. La nueva organización rápidamente mostró su capacidad de movilizar el apoyo de las masas, realizando dos concentraciones de más de 10 mil personas el mismo año de su fundación. Durante el resto de la década, el NJM inició y encabezó reiteradas luchas por las libertades públicas, en contra de la dominación imperialista, y a favor de mejoras en las condiciones de los obreros y campesinos. Integrantes del NJM ganaron puestos de dirección en varios sindicatos de la isla, así como tres escaños en el parlamento de Granada.

Maurice Bishop y Unison Whiteman explicaron las perspectivas y la evolución política del NJM en una entrevista publicada el 19 de agosto de 1977 en la revista cubana *Bohemia*. La inspiración inicial de la organización vino de "las ideas del 'poder negro' desarrolladas en Estados Unidos y la lucha liberadora de pueblos africanos como Angola, Mozambique y Guinea (Bisao)... Pero es inobjetable", añadió Bishop, "que el socialismo científico se nos mostró de una forma cercana a través de la experiencia cubana. Esta... nos ha ido enseñando en el plano práctico de la lucha política cotidiana, la justeza del socialismo como única solución a nuestros problemas".

En las semanas antes del 13 de marzo de 1979, los dirigentes del NJM fueron informados de un complot tramado por Gairy para asesinarlos en un momento en que él estuviera fuera del país. Los revolucionarios evitaron la masacre planificada al organizar exitosamente la captura armada del cuartel del ejército True Blue y de la única radioemisora de la isla. Un llamamiento a las masas por medio de la rebautizada Radio Granada Libre movilizó a las calles a decenas de miles de personas, quienes ocuparon la estación de policía y otros puntos estratégicos, asegurando así la victoria de la revolución.

El gobierno revolucionario nacido de esta triunfante insurrección popular era políticamente independiente tanto de los imperialistas como de los capitalistas y terratenientes autóctonos; al contrario, se basaba en los obreros y campesinos. El Movimiento de la Nueva Joya tomó la iniciativa de formar el Gobierno Revolucionario Popular, compuesto principalmente de dirigentes del NJM pero también de representantes de algunos otros sectores de la oposición a Gairy, entre ellos profesionales y hombres de negocios. Maurice Bishop se convirtió en el primer ministro.

El Movimiento de la Nueva Joya inmediatamente emprendió una tarea que según ha demostrado la historia es indispensable a la supervivencia y el avance de toda revolución genuinamente obrera y campesina. Como explicó Bishop en una entrevista publicada el 12 de julio de 1981 en

Granma Resumen Semanal, "Es nuestro firme criterio que ninguna revolución tiene derecho a ese nombre si no tiene o no crea los medios para defenderse. Por eso se disolvió el ejército de Gairy y se creó un nuevo ejército, el Ejército Revolucionario Popular. También por eso estamos organizando la Milicia Revolucionaria Popular, de modo que nuestro pueblo participe en la defensa de las cosas por las que ha luchado y de lo que se está esforzando por construir".

La revolución de marzo 1979 fue un levantamiento radical y popular. En su ímpetu directo y sus tareas inmediatas, era una revolución democrática, antioligárquica y antiimperialista. Sin embargo, igual que la revolución cubana unos 20 años antes, e igual que la revolución nicaragüense unos meses después, la revolución granadina era al mismo tiempo profundamente anticapitalista desde el principio. Profundamente influenciados por la revolución cubana, los dirigentes del NJM reconocieron que los esfuerzos consecuentes por llevar a cabo las tareas democráticas y sacudir el yugo imperialista inevitablemente llevarían a un conflicto entre los obreros y campesinos por un lado y la necesidad de ganancias de los capitalistas locales y extranjeros por el otro.

Comenzando con la organización y movilización del pueblo trabajador de Granada para combatir la opresión imperialista y establecer las libertades democráticas, el nuevo gobierno comenzó a sentar las bases para que el pueblo trabajador llevara a cabo la transición de la dominación de las relaciones de propiedad capitalistas al establecimiento de un estado obrero basado en la propiedad estatal sobre la industria, la planificación económica, y un monopolio gubernamental del comercio exterior. Fue así como se había desarrollado la revolución cubana, posibilitando tremendos avances para los obreros y campesinos en los campos de la educación, la atención médica, la eliminación de la discriminación contra los negros y las mujeres, y una creciente participación democrática en la administración de sus propios asuntos.

Es esa la tarea que se propuso el Movimiento de la Nueva Joya el 13 de marzo de 1979. "Con el pueblo trabajador hicimos nuestra revolución popular, democrática y antiimperialista", explicó Bishop. "Con ellos construiremos y avanzaremos hacia el socialismo y la victoria final".

El nuevo gobierno obrero y campesino era un instrumento indispensable para que las masas granadinas pudieran profundizar su movilización, organización, educación y conciencia de clase. Acabó con la dictadura política de la minoría capitalista apoyada por el imperialismo, reemplazándola con lo que los marxistas llaman la primera etapa de la dictadura del proletariado: la dominación política por los obreros y campesinos pobres y en el interés de esta mayoría trabajadora.

Los capitalistas y terratenientes granadinos así como algunos intereses imperialistas aún preservaban importantes propiedades en la agricultura, los bienes raíces, el comercio, el turismo y la industria. Pero ya no contaban con el poder *político.* Ya no podían dictarle al gobierno que actuara para defender sus ganancias por encima de las necesidades de los obreros y campesinos.

Todavía quedaba en el futuro de la revolución la tarea de romper el poder económico de los grandes capitalistas y terratenientes. Bishop y la dirección del NJM correctamente buscaban realizar esta transición de tal forma que llevara al desarrollo máximo de empleos productivos y beneficios sociales, limitando a un mínimo las dificultades innecesarias para el pueblo trabajador.

Tras la detención domiciliaria y el asesinato de Bishop, la prensa comercial en Estados Unidos y otros países comenzó a difundir especulaciones de que esta línea seguida bajo la dirección de Bishop había sido demasiado "moderada" para figuras "más marxistas" como Coard, y que tampoco había sido del agrado de Cuba.

En primer lugar, no hay ninguna indicación de que al fondo de la traición cometida por Coard y otros renegados del NJM estuviera cualquier cuestión económica y social explícita. Los factores que llevaron a su traición serán discutidos más adelante.

Tampoco hay ninguna evidencia de que la dirección cubana estuviera en desacuerdo con la línea de "economía mixta" seguida por Bishop y el NJM. Lo que es más importante, los cubanos no se habrían entrometido en los asuntos internos del gobierno y partido de Granada aun si existiesen tales diferencias.

Como explicó Fidel Castro en su discurso del 14 de noviembre, publicado como apéndice a este libro, "A decir verdad, la situación económica y social de Granada marchaba satisfactoriamente. El pueblo había recibido numerosos beneficios a pesar de la política hostil de Estados Unidos, y el producto bruto de su economía crecía a un buen ritmo en medio de la crisis mundial.

"Bishop no era un extremista", señaló el presidente cubano, "aunque sí un verdadero revolucionario, consciente y honesto. Lejos de estar nosotros en desacuerdo con su política inteligente y realista, la veíamos con plenas simpatías, porque se adaptaba rigurosamente a las condiciones concretas y las posibilidades de su país".

Esas "condiciones concretas" y "posibilidades" tenían

que ver con avanzar por el camino socialista trazado por la revolución pese a los enormes problemas objetivos. Los ingresos de Granada dependían fundamentalmente de la exportación de tres productos agrícolas —nuez moscada, bananas y cacao— y del turismo, con el comercio detallista y al por mayor que conlleva. La revolución debió enfrentarse a intensas presiones del imperialismo norteamericano desde un principio. Además, Granada es una isla muy pequeña de solo 110 mil habitantes, con muy poca industria y una clase obrera muy pequeña.

Todo esto creaba límites objetivos al ritmo del desarrollo económico necesario para fundamentar avances permanentes en las condiciones sociales y para liberar al país de la dominación imperialista y de la herencia de la opresión colonial. Además, la revolución tuvo lugar en un momento en que estaban bajando en el mercado mundial la demanda y los precios por sus productos agrícolas, mientras que aumentaban rápidamente los precios de las importaciones energéticas, industriales y de consumo.

La dirección del NJM entendía que, para que la clase obrera se preparara a sí misma y preparara a sus aliados, los pequeños agricultores, para administrar toda la sociedad, incluso todas las empresas industriales, agrícolas y comerciales que la componen, se necesitaría organización, educación y disciplina. Le requeriría tiempo al nuevo gobierno desarrollar la infraestructura de caminos, nuevas plantas y maquinaria, granjas estatales y cooperativas, así como el conocimiento científico y técnico que pudiera sentar una base sólida para comenzar un desarrollo de tipo socialista. Aun a largo plazo, no estaba previsto expropiar pequeñas tiendas o albergues de turistas, ni mucho menos las pequeñas propiedades agrícolas.

Los dirigentes revolucionarios del gobierno obrero y campesino nicaragüense también han dejado numerosos comercios, fábricas y empresas agrícolas en manos privadas, aunque han declarado que buscan construir el socialismo y han dado importantes pasos hacia la creación de un estado obrero a medida que consolidan su gobierno obrero y campesino.

Por supuesto, para una dirección revolucionaria, seguir este camino conlleva la responsabilidad de organizar al pueblo trabajador para defender sus intereses de clase en la continua lucha entre los explotadores y los explotados. Los capitalistas y terratenientes, según se puede anticipar, incurrirán en operaciones de especulación, traficarán en el mercado negro, y hasta recurrirán al sabotaje y la descapitalización. Utilizarán el poder económico que aún preservan para intentar reconstruir el poder político perdido.

La cuestión a que se tiene que enfrentar una dirección revolucionaria en tal situación no es cuán rápidamente avanzar hacia la expropiación en lo abstracto. El ritmo y los métodos precisos para realizar una transformación social fundamental están determinados por realidades materiales y relaciones sociales objetivas. El actuar en base a un esquema preconcebido podría llevar a una parálisis de la economía, impulsar a potenciales aliados del proletariado al campo de la contrarrevolución, y diezmar y desmoralizar a la clase obrera y los pequeños agricultores mismos.

Una fábrica nacionalizada no va a producir más que una fábrica privada si todavía no existe el personal calificado capaz de hacerla funcionar o si no se han acumulado los recursos que posibilitarían inversiones en equipo nuevo, materia prima, mantenimiento y salarios. Un banco extranjero nacionalizado no podrá movilizar mayores fondos para la construcción socialista si la mayor parte de sus recursos se encontraban fuera del país y si el impacto principal de la expropiación es la interrupción de donaciones y préstamos de gobiernos e instituciones financieras capitalistas sin que se hayan hecho arreglos para obtener ayuda alternativa. Una plantación expropiada no proveerá ni vidas decentes para los campesinos sin tierra ni la producción necesaria para obtener divisas hasta que el gobierno pueda brindarles crédito, herramientas, fertilizante, semilla, y conocimientos agrícolas básicos para poder llevar a cabo una exitosa reforma agraria. Y la expropiación total no resultará en otra cosa que el caos hasta que por lo menos unos mínimos mecanismos de control, contabilidad y planificación puedan ser instituidos desde el nivel de la granja o empresa particular hasta el nivel nacional.

En otras palabras, aun después de que los obreros y campesinos toman el poder político, las riquezas siguen siendo creadas al aplicar el trabajo humano a la tierra, la maquinaria y la materia prima, no al poner firmas sobre decretos.

Como explicó Bishop en la entrevista de julio de 1980 publicada en *Perspectiva Mundial,* no es correcto pensar que "la revolución es como el café instantáneo: nada más lo pones en la taza y listo".

El reto que enfrentaba la dirección de la revolución en Granada era cómo preparar, educar y organizar a la población trabajadora para regir esa sociedad, dadas las condiciones materiales existentes en ese pequeño país. Las respuestas solo las podría dar un análisis concreto del nivel de desarrollo económico y social de Granada; la correlación de fuerzas políticas entre las clases a nivel nacional e internacional; las posibilidades de obtener asistencia económica de la Unión Soviética, Cuba, los demás estados obreros y de otras fuentes; el nivel de conciencia y organización de la clase obrera; y la solidez de su alianza con los agricultores y demás sectores no proletarios del pueblo trabajador.

Esto requería capacidades y experiencia de dirección política, no impaciencia ultraizquierdista y métodos administrativos.

Dos años antes de la revolución, Maurice Bishop presentó un juicio sobrio pero optimista sobre las perspectivas que tenían los socialistas granadinos en la entrevista con la revista cubana *Bohemia.*

"El socialismo es el futuro que nos gustaría ver en Granada. Actualmente, la realidad es que en Granada existen las formas más atrasadas de la explotación capitalista. Tenemos que recordar que Granada con su pequeño territorio, alto desempleo, gran pobreza y miseria, escaso número y bajo nivel de conciencia de la clase obrera, con todos sus vínculos comerciales con el imperialismo y un gobierno profundamente represivo, debe lograr avances democráticos al compás de la marcha de los demás países de la región. Sabemos lo pobre y atrasado que es nuestro país, y sabemos lo difícil que sería resistir la presión económica generalizada y política que el imperialismo desataría sobre Granada si ésta tratase de romper los lazos de la dominación sin primero hacer serios intentos de desarrollar verdaderos y significativos vínculos con el campo socialista.

"Pero, a pesar de todas las dificultades", concluyó Bishop, "estimamos que las perspectivas en Granada son buenas para la causa de la revolución social".

Unos dos años después, el NJM comenzó a poner en la práctica el curso socialista que había trazado para Granada.

Bishop, Whiteman y otros dirigentes del movimiento entendían muy bien las dificultades y trampas que encontrarían al encabezar una revolución social en la pobre y pequeña Granada. Una reacción posible ante esto sería concluir —como lo han hecho muchos Partidos Comunistas "oficiales" en el mundo colonial— que los obreros y campesinos simplemente no están en condiciones de tomar el poder. Que los únicos objetivos "realizables" tienen que limitarse a reformas democráticas, y que por tanto la clase capitalista, o algún sector de ésta, debe todavía jugar el papel dirigente en cualquier gobierno revolucionario.

Sin embargo, esa *no* fue la conclusión del Movimiento de la Nueva Joya. Bishop y los demás dirigentes del NJM correctamente vieron la revolución granadina como parte de la lucha mundial contra el imperialismo y por la liberación nacional y el socialismo. Tuvieron la audacia de tomar el poder y trazar un curso hacia la construcción del socialismo. Pero también tuvieron la sensatez política para comprender las condiciones reales y las tareas inmediatas en Granada, así como los pasos necesarios para preparar a la clase obrera y sus aliados para reconstruir su sociedad sobre la base de la propiedad estatal y la planificación democrática.

La experiencia soviética

Los revolucionarios granadinos, por supuesto, no fueron los primeros en enfrentar la difícil tarea de dirigir a la clase obrera y sus aliados en el proceso de transición desde el moribundo sistema social capitalista hacia el socialismo. A escala mundial, la primera experiencia en este sentido fue la revolución rusa.

En 1919, el nuevo gobierno soviético tomó la iniciativa de fundar la Internacional Comunista. Durante sus primeros cinco años como dirección revolucionaria del proletariado mundial, la Comintern, como se le llamaba, discutió las lecciones de esta primera experiencia en la conquista y el ejercicio del poder político. "La Comintern sacó importantes conclusiones para la estrategia y táctica revolucionarias. Se realizaron extensas discusiones sobre esta cuestión en el Cuarto Congreso de la Internacional Comunista en diciembre de 1922 y en una reunión de su Comité Ejecutivo en julio del siguiente año.

En la reunión de julio de 1923 se adoptó una resolución sobre el gobierno obrero y campesino. Enfatizaba que, tras la conquista del poder, la clase obrera debe tener presente "la necesidad de armonizar sus movimientos con los sentimientos del campesinado en sus respectivos países, para establecer una coordinación correcta entre el proletariado victorioso y el campesinado, y para observar una política racional en la introducción gradual de las medidas del proletariado, tal como la política a que llegó el victorioso proletariado de Rusia en aquel período de la revolución rusa llamado la Nueva Política Económica".

¿Qué era la Nueva Política Económica? ¿Por qué, en su discurso al IV Congreso de la Internacional Comunista en diciembre de 1922, dijo el líder bolchevique V.I. Lenin que esta política "tiene importancia de primer orden para todos los partidos comunistas" y que de ella se desprendían "conclusiones prácticas de mucha importancia para la Internacional Comunista"?

En un informe sobre la Nueva Política Económica a la VII Conferencia del Partido Bolchevique de la Provincia de Moscú, Lenin explicó que, tras la toma del poder en 1917, el gobierno soviético "intentó pasar a las nuevas relaciones sociales adaptándose en la mayor medida posible, podemos decir, a las condiciones existentes, en la forma más gradual posible y sin provocar grandes rupturas".

Para mediados de 1918, sin embargo, la embestida de la intervención imperialista y la guerra civil habían obligado a la dirección revolucionaria rusa a abandonar este curso inicial de una transformación lo más gradual y eficiente posible de las relaciones de propiedad. Frente a un creciente sabotaje económico capitalista y a la imperiosa necesidad de producir alimentos y artículos industriales para la guerra, los bolcheviques realizaron grandes nacionalizaciones y centralizaron casi todo el comercio en manos del estado.

Para fines de 1920, tanto las fuerzas contrarrevolucionarias internas como los invasores imperialistas habían sido derrotados por el Ejército Rojo. Por otro lado, los capitalistas en el resto de Europa habían logrado derrotar los movimientos revolucionarios en Hungría, Alemania e Italia, reforzando el aislamiento del primer estado obrero. Además, la guerra civil había causado graves estragos dentro de Rusia. Muchos de los obreros y campesinos más conscientes, la vanguardia del Ejército Rojo, habían caído en el campo de batalla o muerto de hambre o de enfermedades en los frentes de guerra. La desorganización social provocada por la guerra fue exacerbada por una sequía y hambruna.

Como explicó Lenin en el IV Congreso de la Internacional Comunista: "superada la etapa más importante de la guerra civil —superada victoriosamente— sentimos el impacto de una grave crisis política interna —creo que fue la más grave— de la Rusia soviética. Esta crisis interna reveló descontento entre un sector considerable del campesinado, e incluso de los obreros. Fue la primera vez, y confío que será la última, que en la historia de la Rusia soviética grandes masas de campesinos mostraban una actitud contraria a nosotros, no conscientemente, sino instintivamente".

El origen de esta crisis, explicó Lenin, no era solamente la destrucción causada por la guerra. También era resultado del ritmo demasiado rápido de las transformaciones económicas y sociales que le habían sido impuestas a la joven república obrera y campesina en su lucha por sobrevivir. Aunque el campesinado había apoyado esta lucha contra la reimposición del latifundismo y del zarismo, su alianza con el proletariado estaba a punto de romperse como resultado de las medidas tomadas en los años anteriores. Y esta alianza, subrayó Lenin, era la clave de la defensa de la república soviética y de su avance hacia el socialismo.

"En este sentido", explicó Lenin al X Congreso del PC soviético, "se nos puede culpar por haber ido demasiado lejos; nos hemos excedido en la nacionalización del comercio y de la industria interrumpiendo la circulación local de mercancías. ¿Fue eso un error? Sin duda lo fue".

Ese fue el origen de la Nueva Política Económica adoptada por los revolucionarios rusos a principios de 1921. Esta política posibilitó que los campesinos vendieran parte de su producto en el mercado libre interno de Rusia. Se aminoraron las restricciones sobre el comercio privado para que éste pudiera suplementar los mercados organizados por el estado. Para ayudar a reanimar la producción industrial, la república soviética trató de arrendar fábricas, minas, bosques y yacimientos petroleros nacionalizados a capitalistas extranjeros y domésticos.

Una resolución adoptada por el IV Congreso de la Internacional Comunista explica, "El gobierno soviético está siguiendo un camino económico que sin duda habría seguido en 1918–19 si las demandas implacables de la guerra civil no le hubiesen obligado a expropiar a la burguesía de un golpe". Esta resolución fue redactada en nombre de la delegación rusa por el líder de la Comintern León Trotsky.

Tales medidas, señaló Lenin, eran aun más importantes para países menos avanzados económicamente que Rusia. En una carta a los comunistas de Azerbaiján, Georgia, Armenia y algunas otras naciones oprimidas bajo el antiguo imperio zarista, Lenin señaló: "Ustedes tendrán que tener más moderación y tacto y demostrar mayor disposición a hacer concesiones a la pequeña burguesía, a la intelectualidad y, en especial, al campesinado. Deben aprovechar económicamente al Occidente capitalista en todas las formas posibles, intensa y rápidamente, mediante una política de concesiones y de intercambio comercial...

"En las Repúblicas del Cáucaso", continuó Lenin, "a diferencia de la RSFSR [República Socialista Federativa Soviética de Rusia], es posible y necesaria una transición más lenta, más cautelosa y más sistemática hacia el socialismo".

En base a la experiencia de la Nueva Política Económica, Lenin sacó algunas conclusiones generales para los revolucionarios marxistas en su artículo, "La importancia del oro ahora y después de la victoria total del socialismo", escrito a fines de 1921. "Casi todos los revolucionarios auténticos", afirmó, "fracasaron cuando comenzaron a escribir la palabra 'revolución' con mayúscula, a elevar la 'revolución' a algo casi divino, a perder la cabeza y la capacidad de reflexionar, analizar y comprobar con la mayor sensatez y calma ... en qué momento, en qué circunstancias y en qué esfera es preciso pasar a la acción reformista".

La última expresión de la declaración de Lenin —"acción reformista"— puede parecer un poco confusa. ¿Qué quería decir con "acción reformista"? Lenin lo explicó de la siguiente forma:

"Solo el marxismo definió de modo acertado y exacto la

relación entre las reformas y la revolución, aunque Marx pudo ver esta relación solo desde un aspecto, o sea en las condiciones existentes antes de la primera victoria más o menos firme, más o menos duradera del proletariado, aunque fuera en un solo país. En esas condiciones", subrayó Lenin, "la base de una relación acertada era que las reformas son un subproducto de la lucha revolucionaria de clase del proletariado. En todo el mundo capitalista esta relación es el fundamento de la táctica revolucionaria del proletariado, el abecé…

"Después de la victoria del proletariado, aunque solo sea en un país, penetra algo nuevo en la relación entre las reformas y la revolución. En el terreno de los principios es la misma que antes, pero tiene lugar un cambio en la forma…"

Bajo tales condiciones, afirmó, las reformas representan "una tregua necesaria y legítima en los casos en que, después del mayor esfuerzo, es evidente que falta la fuerza necesaria para la realización revolucionaria de una u otra transición".

En base a la experiencia de la primera revolución proletaria a escala mundial, el IV Congreso de la Internacional Comunista sacó algunas conclusiones sobre las tareas de un victorioso gobierno obrero y campesino, gobierno que solo es posible, según lo definió la resolución, "si surge de la lucha de masas, si se apoya en organismos obreros aptos para el combate y creados por los más vastos sectores de las masas obreras oprimidas".

La "Resolución sobre la táctica de la Internacional Comunista" señala: "El programa más elemental de un gobierno obrero debe consistir en armar al proletariado, en desarmar a las organizaciones burguesas contrarrevolucionarias, en instaurar el control de la producción, en hacer recaer sobre los ricos el mayor peso de los impuestos y en destruir la resistencia de la burguesía contrarrevolucionaria".

Logros de la revolución granadina

¿Cómo había cumplido el gobierno obrero y campesino de Granada con estos retos en sus primeros cuatro años y medio? Los hechos demuestran que había comenzado a hacer todo esto y mucho más. Los pasos dados por el Movimiento de la Nueva Joya en aras de desmantelar el antiguo aparato estatal y ejército y reemplazarlo con un nuevo gobierno, ejército y milicia ya han sido explicados. ¿Y qué puede decirse de otros avances políticos, sociales y económicos?

Toda la legislación reaccionaria de Gairy fue eliminada. Nuevas leyes fueron adoptadas que obligaban a los patrones a reconocer los sindicatos y garantizaban el derecho a huelga. Esto llevó a que la sindicalización de los trabajadores ascendiera del 30 por ciento antes de la revolución al 90 por ciento después. Otras organizaciones también ganaron miles de miembros, entre ellas la Organización Nacional de la Mujer, la Organización Nacional de la Juventud y la Unión de Agricultores Productivos.

Junto con estas organizaciones, se formaron otros organismos a iniciativa de la dirección del NJM para iniciar el arduo trabajo de desarrollar la participación democrática del pueblo trabajador en determinar y administrar los asuntos del país. Se formaron consejos en los lugares de trabajo, en los pueblos, parroquias y barrios. Estos consejos discutían y debatían la política propuesta por el gobierno, incluso los presupuestos y planes económicos del país para 1982 y 1983. Podían hacer comparecer ante ellos a los ministros y otros funcionarios gubernamentales y obligarlos a rendir cuentas.

La dirección del NJM entendía que estos consejos y organizaciones de masas no podían hacer milagros. Dado el pequeño tamaño de la clase obrera granadina y la pobreza y falta de educación heredadas de siglos de colonialismo, haría falta dedicar mucho trabajo y una constante atención para lograr una efectiva participación del pueblo trabajador en la dirección de los asuntos de la sociedad. No era suficiente simplemente formar los consejos, instar a la gente a que asistiera a las reuniones y esperar que lo demás se resolviera por su propia cuenta.

Para enfocar la atención sobre este importante reto, el NJM designó al año 1983 como Año de la Educación Académica y Política. En su discurso de Año Nuevo en enero de 1983, Bishop explicó que "nuestro pueblo tiene que desarrollar en el nuevo año un entendimiento de la verdadera naturaleza de la crisis internacional capitalista que está retardando el progreso de nuestra revolución y el desarrollo de todos los países pobres del mundo. Tiene que saber las causas y el origen de esta crisis. Debe ver claramente el vínculo entre la política y la economía, entre la explotación imperialista y la pobreza, entre la loca acumulación de armas por el imperialismo y la crisis económica.

"Al ampliar y elevar su conciencia política", explicó Bishop, "nuestro pueblo entenderá mejor la necesidad de integrarse a aquellas organizaciones de masas y sindicatos que ya existen y de fortalecerlas. La educación política ayudará a identificar entre las filas del pueblo trabajador a los futuros dirigentes de la revolución y ayudará a preparar a la clase obrera para asumir su papel histórico de transformar a Granada, de su dependencia y atraso, a la genuina independencia económica".

En su mitin público en Nueva York en junio de 1983,

Bishop anunció que se había iniciado la preparación de un proyecto de constitución, sentando las bases para futuras elecciones nacionales. Estas elecciones, subrayó, no son para reemplazar sino para "institucionalizar y reforzar los sistemas de democracia popular que hemos estado edificando en estos últimos cuatro años en nuestro país". Se buscaba "la participación de nuestro pueblo... día tras día y semana tras semana", no solo "el derecho de escribir una 'X' al lado de Fulano o Mengano" cada cuantos años, como ocurre en las elecciones en Estados Unidos, Canadá, Gran Bretaña y muchos países caribeños.

En el frente económico, el gobierno obrero y campesino también registró logros impresionantes. En 1982 el producto nacional bruto creció en un 5.5 por ciento, arrojando un aumento total de casi el 14 por ciento desde la revolución en 1979. Esto fue en un período en el cual el sistema capitalista mundial sufría su más grave recesión desde la década de los treinta, y las economías de la mayoría de los países del hemisferio occidental, incluyendo las demás islas del Caribe oriental, estaban estancadas o incluso decreciendo.

Además, de acuerdo con los objetivos socialistas de la revolución, el sector estatal cada vez más se ponía a la vanguardia del desarrollo económico de la isla. El proyecto más ambicioso del gobierno era la construcción del nuevo aeropuerto internacional para promover el turismo y facilitar el comercio exterior. Otra prioridad era mejorar el desarrollo de la agricultura y la agroindustria. Esto significaba tanto la rehabilitación de las cosechas como la construcción de fábricas para preparar, empacar y comercializar estos productos. Otros importantes proyectos incluían: nuevos caminos, incluso importantes carreteras ramales para transportar la producción agropecuaria; varias decenas de autobuses nuevos para el primer sistema de transporte público de la isla; mejoras en servicios como los de electricidad, teléfonos y agua potable, todos los cuales ahora son propiedad estatal; y el desarrollo de los hoteles y del turismo.

Mientras que Gairy había dedicado solo 8 millones de dólares del Caribe oriental (2.70 dólares del Caribe oriental equivalen a 1 dólar norteamericano) a proyectos de desarrollo en el año anterior a la revolución, el Gobierno Popular Revolucionario había dedicado desde marzo de 1979 unos 237 millones de dólares del Caribe oriental, o sea, casi 88 millones de dólares norteamericanos. En 1982, las 32 nuevas empresas estatales produjeron casi la cuarta parte de todas las mercancías y servicios en la isla.

Como señaló Bishop en su entrevista con *Intercontinental Press* en julio de 1980, el progreso de un gobierno obrero y campesino debe medirse "No en términos de cuántas industrias hay o cuántos hoteles se tienen cuando las ganancias son para una élite muy pequeña, sino en términos de qué beneficios reales están llegando a las masas". El gobierno debe satisfacer "las necesidades básicas de la población —empleos, salud, vivienda, alimentación, vestimenta".

Aquí también la revolución granadina logró importantes conquistas.

Los salarios reales (o sea, teniendo en cuenta la inflación), aumentaron en más del 10 por ciento en el período de 1981 a 1982. El nivel de vida en realidad mejoró más de lo que esta cifra sugiere. Primero, el desempleo había decrecido del 50 al 12 por ciento durante los primeros cuatro años de la revolución, aumentando los ingresos familiares. Más importante aun, hubo un aumento dramático en el "salario social", o sea, en los servicios sociales y ciertas mercancías de primera necesidad accesibles a la población gratuitamente o por precios muy reducidos; y esto constituía un *derecho*. Más de la tercera parte del presupuesto del gobierno se dedicaba a la salud y la educación.

Una ley de reforma agraria le permitió al gobierno tomar forzosamente en arriendo por diez años los terrenos de más de 100 acres que estaban siendo subutilizadas poniéndolas en producción como granjas estatales o cooperativas. El gobierno había expandido los programas de créditos a bajas tasas de interés para los pequeños agricultores y cooperativas agropecuarias; también inició programas para garantizarles a los agricultores mercados para sus productos. Estableció una reserva disponible de 45 tractores y buscó impulsar la modernización de la agricultura estableciendo cuatro nuevas escuelas agrícolas. Estas medidas no solo ayudaban a elevar los ingresos de los agricultores y trabajadores agrícolas sino que creaban puestos de trabajo para los desempleados.

La atención médica y dental se hizo gratuita. La medicina era gratis también para los pacientes hospitalizados y se ofrecía a un precio reducido a los demás. Se construyeron clínicas por toda Granada, se modernizó el hospital central y el número de dentistas y médicos creció a más del doble.

La educación secundaria se convirtió en un derecho para toda la juventud granadina. Bajo Gairy, había que pagar matrícula, haciendo de la educación un privilegio para los ricos. Se distribuyeron libros, uniformes y comida gratis a los estudiantes de primaria provenientes de familias pobres. Además, centenares de estudiantes recibieron becas para estudios técnicos y universitarios avanzados, algo que jamás había sido accesible excepto para un puñado de los más ricos. Un programa de educación para adultos ya había dado grandes pasos hacia la meta de eliminar el analfabetismo para 1985.

Se distribuyó leche gratis a miles de familias. Se impuso el control de los precios de artículos de primera necesidad, como el azúcar y el aceite de cocina. El 75 por ciento de las familias había recibido préstamos sin interés y materiales a bajo costo para reparar sus viviendas. Se acababa de inaugurar la Fábrica de Viviendas Sandino, con una producción potencial de 500 unidades prefabricadas cada año.

El 30 por ciento de los trabajadores no tenía que pagar impuestos, mientras que se exigieron nuevos impuestos a compañías locales, empresas importadoras y exportadoras, y a las ganancias de compañías extranjeras no reinvertidas en Granada.

Un plan de seguro social fue creado por primera vez en Granada a escala nacional, cobijando a los trabajadores tanto en el sector público como en el privado. Entre los beneficios se incluían pensiones para los jubilados, prestaciones por enfermedad o incapacitación, pago de maternidad, y pagos a los familiares dependientes de trabajadores fallecidos.

Se dedicó atención especial a la protección y expansión de los derechos y las oportunidades para la mujer. Se adoptaron leyes que castigaban el hostigamiento sexual contra las trabajadoras. Se garantizó el igual pago por igual trabajo. Una ley de licencia por maternidad obligaba a los patrones a darles a las mujeres tiempo libre —la mayor parte del tiempo con salario— antes y después de dar a luz.

Programas sociales como estos reflejaban una decisión política del gobierno que surgía de los intereses de clase que defendía. Estos programas eran vitales para el bienestar de los trabajadores y campesinos. Siendo ellos los que producen la riqueza del país, el mejoramiento de su salud, educación y bienestar representaba una inversión en el recurso más importante del país: su pueblo trabajador.

El costo y las habilidades necesarias para llevar a cabo tales programas habrían estado fuera del alcance de Granada por muchos años si el país hubiese tenido que depender únicamente de sus propios recursos. Sin embargo, recibió importante ayuda de otros países. Los contribuyentes más generosos fueron el gobierno y pueblo revolucionarios de Cuba. Como explicó el presidente cubano Fidel Castro el 14 de noviembre, "Si Cuba, a pesar de ser un país pequeño y subdesarrollado, podía ayudar mucho a Granada, era precisamente porque nuestros esfuerzos, cuantitativamente modestos pero cualitativamente elevados, significaban mucho para un país de apenas 400 kilómetros cuadrados de territorio y algo más de 100 mil habitantes".

Castro informó que el total de la ayuda cubana durante los cuatro años equivalía a más de 500 dólares norteamericanos por cada granadino. La mayor contribución cubana vino en la forma de materiales, equipo, diseño y constructores calificados para la construcción del aeropuerto en Point Salines. Pero Cuba también aportó médicos, maestros y técnicos; financió y construyó la planta de viviendas y otros proyectos industriales; ayudó a establecer una escuela de pesca y una flota pesquera; y ayudó a entrenar un ejército profesional para salvaguardar los logros de la revolución contra la agresión externa.

Granada también recibió asistencia de Libia, Siria, la República Popular Democrática de Corea (Corea del Norte), así como de la Unión Soviética y otros estados obreros de Europa Oriental. El gobierno de Estados Unidos no solo se negó a ayudar a Granada, sino que intentó impedir que otros países capitalistas y organismos capitalistas internacionales lo hicieran. Pese a este sabotaje, Granada logró recibir ayuda considerable del Banco Europeo de Desarrollo y del gobierno canadiense, entre otros.

En las primeras semanas de la revolución, un diplomático norteamericano le ofreció a Granada la miserable suma de cinco mil dólares *a condición* de que el nuevo gobierno prometiera no desarrollar relaciones económicas y diplomáticas con Cuba. Indignados, los revolucionarios granadinos rechazaron este chantaje. El primer ministro Bishop pronunció un discurso explicando que, si bien el nuevo gobierno buscaba relaciones cordiales con Washington, "¡Granada ya no está en el traspatio de nadie!" Granada, afirmó, era un país soberano y tomaría sus propias decisiones tanto sobre sus asuntos internos como sus amistades en el exterior.

Desde el principio, el gobierno siguió una línea internacionalista. Estableció los más estrechos lazos fraternales con los pueblos, gobiernos y partidos de Cuba y Nicaragua. Pese a sus propias apremiantes tareas y limitación de cuadros, el Gobierno Popular Revolucionario envió a jóvenes voluntarios granadinos a ayudar en la Cruzada Nacional de Alfabetización en la Costa Atlántica anglófona de Nicaragua. Movilizó y educó a los granadinos en un espíritu de solidaridad con las luchas de liberación en el Caribe, Centroamérica, Sudamérica, Asia, África, el Medio Oriente y todo el mundo. Se integró al Movimiento de Países No Alineados. Estableció relaciones diplomáticas y comerciales con Vietnam, la Unión Soviética, los países de Europa Oriental y la República Popular Democrática de Corea.

"Porque nuestra lucha es internacionalista", explicó Bishop, en su entrevista en julio de 1980, "durante años hemos venido dando nuestro máximo apoyo a todas las causas internacionales que exigen este apoyo. Vemos esto como nuestro deber internacionalista".

Washington busca eliminar 'hasta el último vestigio'

Estos logros sentaron un ejemplo para todo el Caribe y Centroamérica, para la comunidad negra y todo el pueblo trabajador en Estados Unidos, Canadá, Gran Bretaña y para los oprimidos y explotados por todo el mundo. Confirman lo que dijo Fidel Castro: Granada es una revolución grande en un país pequeño. Con cada año que pasaba, no solo crecían los logros, sino también la atracción que ejercía mucho más allá de sus costas. Pese a los esfuerzos de los medios noticiosos capitalistas por imponer un bloqueo contra la verdad, más y más gente estaba conociendo la revolución granadina y sintiéndose inspirada por ella.

La visita del primer ministro Bishop a Estados Unidos en junio de 1983 tuvo un impacto político sobre una pequeña pero importante capa del pueblo trabajador norteamericano, y sobre una capa avanzada de la comunidad negra.

Desde un principio Washington quiso impedir que este ejemplo se extendiera, buscando aplastar la revolución con su poderío militar. Las bases políticas y militares para tal agresión comenzaron a ser sentadas bajo la administración del demócrata Carter y esto continuó bajo el republicano Reagan. Fuerzas militares norteamericanas realizaron sobre una pequeña isla de Puerto Rico un ensayo de invasión en 1981 denominado "Operación Ambar y las Ambardinas", una transparente alusión a la cadena de islas de Granada y las Granadinas. Hasta los pretextos del ensayo de invasión fueron los mismos que las mentirosas justificaciones citadas por Reagan en octubre de 1983: el supuesto peligro que corrían ciudadanos norteamericanos, la influencia de un tal "País Rojo" vecino (léase Cuba), y un gobierno que había destruido la democracia en "Ambar" y estaba exportando la subversión por toda la región.

Pese a los alegatos de Estados Unidos de que había sido invitado a invadir Granada por la Organización de Estados del Caribe Oriental (OECO), el primer ministro de Barbados, Thomas Adams, ha reconocido que el gobierno norteamericano inició sus consultas sobre la operación con países de la OECO tan pronto como se conoció la noticia del arresto domiciliario de Bishop. La invasión habría sido realizada por la camarilla bipartidista en Washington independientemente de cuántos países de la región acordaran "solicitarla".

Habiendo llevado a cabo la invasión que había tramado por cuatro años, el imperialismo norteamericano ha utilizado la fuerza necesaria para desmantelar hasta el último vestigio de los logros políticos, económicos y sociales del gobierno obrero y campesino.

Unos días después de la invasión, Don Rojas, secretario de prensa de Bishop, le dijo a un periódico británico que Granada sería "rápidamente colonizada" por las fuerzas de ocupación estadounidenses. "Creo que actuarán muy rápidamente para eliminar todo vestigio de la revolución", dijo Rojas. "Los consejos locales y demás estructuras democráticas que habíamos establecido serán desarticuladas y se utilizará la fuerza militar para mantenerlas así".

Washington pretende destruir todo lo que queda de la revolución y reimponer un gobierno títere directamente supeditado a los intereses imperialistas estadounidenses, y eso es exactamente lo que ha estado haciendo.

Los objetos centrales de estos ataques han sido los cuadros del Movimiento de la Nueva Joya y las organizaciones de masas, cuya conciencia sigue siendo la conquista más duradera de la revolución. Las fuerzas de ocupación están llevando a cabo un esfuerzo sistemático por intimidar y abatir a estos cuadros, que sumaban miles, sobre todo en la clase obrera y entre la juventud.

Continúa siendo fuerte en la isla el apoyo a la revolución y sus conquistas, lo que es un gran problema para las fuerzas de ocupación. Entre amplios sectores, la confusión que causó el grupo de Coard con su traición y empleo de violencia asesina contra los dirigentes del NJM y las masas granadinas llevó a que muchos granadinos equivocadamente dieran la bienvenida a las tropas norteamericanas como si fueran liberadores. Pero incluso entre este sector, la mayoría se considera partidaria de Bishop y del Gobierno Popular Revolucionario, lo cual ha causado mucha confusión entre los periodistas de la prensa capitalista.

"¿Habrá todavía educación gratuita en las escuelas?", preguntó una joven mujer granadina citada por un periódico norteamericano. "¿Habrá ayuda para comprar uniformes [escolares] y libros?"

"Alguna gente empieza a preguntarse ¿quién nos va a rescatar de los rescatadores?", dijo otro granadino.

El proceso de represión y desmantelamiento comenzó con la misma invasión del 25 de octubre, tanto así que el gobierno norteamericano impuso un férreo bloqueo informativo sobre esos primeros días de terror. Esto fue seguido por la detención de más de dos mil granadinos que fueron mantenidos en pequeñas jaulas de madera a las cuales solo se puede entrar de rodillas. Los que eran puestos en libertad recibían tarjetas advirtiéndoles que deberían "abstenerse de participar en toda actividad antigubernamental".

Un número desconocido permanece encarcelado.

Kenrick Radix, un dirigente revolucionario que sobrevivió el baño de sangre desatado por Coard, fue detenido por las autoridades norteamericanas y mantenido por veinte horas en una de esas jaulas de aislamiento. Las fuerzas de ocupación dijeron que Radix había actuado como "instigador fomentando mala voluntad entre la gente en lugares públicos". En otras palabras, había hecho uso de su derecho a la libertad de expresión al denunciar la invasión y exigir el retiro inmediato de las tropas invasoras a fin de "quitar la pesada bota del imperialismo norteamericano" del cuello del pueblo granadino.

Se ha iniciado una purga así como una "lista negra" de empleados del gobierno, basada en una lista de nombres compilada en computadoras por la CIA. El gobierno títere impuesto por Estados Unidos y encabezado por el gobernador general Paul Scoon ha restringido las libertades políticas. El nuevo gobierno, supuestamente necesario para restaurar la "democracia" en Granada, rápidamente anunció que sus prometidas (e indudablemente fraudulentas) elecciones posiblemente no sean realizadas por varios años.

El trato humillante al que han sometido a Coard y al general Hudson Austin —quienes, por razones obvias, son odiados por el pueblo granadino— busca intimidar a los partidarios de la revolución. Coard y Austin fueron desfilados por la isla medio desnudos, maniatados y con los ojos vendados. Equipos de guerra psicológica del ejército norteamericano han pegado pasquines por toda Granada mostrando a Austin vestido con solo una toalla cubriéndole la cintura, y un mensaje anticomunista debajo de la foto. Coard y Austin sin duda merecen ser enjuiciados por sus crímenes, pero por el pueblo trabajador de Granada, no por un tribunal fraudulento montado por un gobierno lacayo de Washington.

Junto con la represión, ya se han dado pasos iniciales para quitarle al pueblo de Granada los logros económicos y sociales de la revolución. La distribución gratuita o a precios reducidos de leche y otros artículos de primera necesidad se ha acabado. Centros de educación para adultos han sido clausurados. Las escuelas y hospitales están sin maestros y médicos, debido a la expulsión de los colaboradores internacionalistas de otros países, sobre todo de Cuba. El desempleo ha subido al doble, y lo que queda de las organizaciones de masas y los consejos democráticos comunitarios y en lugares de trabajo está siendo aplastado.

Esto es lo que se requiere para tratar de eliminar todo vestigio de la revolución y del gobierno obrero y campesino que la encabezó.

La traición de Coard

Como ya se explicó, Washington logró realizar esta ofensiva contrarrevolucionaria aparentemente con tanta facilidad porque el gobierno revolucionario de Granada ya había sido traicionado y derrocado. Como dijo George Louison, uno de los miembros del Comité Central del NJM aún con vida, "la revolución fue destruida desde adentro". Fidel Castro dedicó gran parte de su discurso del 14 de noviembre a explicar esta trágica realidad al pueblo de Cuba y a los revolucionarios en las Américas y todo el mundo.

"De las propias filas revolucionarias surgieron hienas", dijo el máximo líder de la revolución cubana, refiriéndose a la fracción secreta de Coard en el gobierno, el ejército y el Movimiento de la Nueva Joya.

"¿Eran acaso los que conspiraron contra él [Bishop] en

el seno del partido, del ejército y de la seguridad de Granada, un grupo de extremistas intoxicados del teoricismo político? ¿Se trataba simplemente de un grupo de ambiciosos, oportunistas, o incluso agentes enemigos que quisieron hundir la revolución granadina?

“Solo la historia podrá decir la última palabra”, continuó Castro. “Pero no sería la primera vez que en un proceso revolucionario haya ocurrido una cosa o la otra”.

Fidel Castro tiene razón. Muchos detalles secretos del complot y las motivaciones de los que participaron posiblemente jamás se conozcan. Pero el líder cubano también tiene razón en explicar que los más importantes hechos y lecciones *ya* se conocen, y no dependen de interrogantes a los que todavía no hay respuesta.

“Lo cierto es que se utilizaron argumentos presumiblemente revolucionarios, invocando los principios más puros del marxismo-leninismo e imputando a Bishop la práctica del culto a la personalidad y de apartarse de las normas y métodos leninistas de conducción”.

De tales imputaciones, Fidel Castro —que conocía personalmente al martirizado líder granadino— afirmó: “Nada más absurdo a nuestro juicio que atribuir a Bishop tales tendencias. Era imposible imaginar a nadie más noble, modesto y desinteresado. Su culpa no fue jamás el autoritarismo, y si algo se le quisiera imputar como un defecto, fue su exceso de tolerancia y de confianza”.

Fidel Castro explicó que el imperialismo “presentaba los acontecimientos como el advenimiento al poder de un grupo de comunistas de línea dura, fieles aliados de Cuba. ¿Eran realmente comunistas? ¿Eran realmente de línea dura? ¿Podían ser realmente fieles aliados de Cuba? ¿O eran más bien instrumentos inconscientes o conscientes del imperialismo yanqui?

"Búsquese en la historia del movimiento revolucionario y se verá más de una vez la conexión entre el imperialismo y quienes asumen posiciones aparentemente extremistas de izquierda. Pol Pot e Ieng Sary, genocidas de Kampuchea, ¿no son hoy los más fieles aliados del imperialismo yanqui en el sudeste de Asia? Nosotros, en Cuba, desde que surgió la crisis en Granada, al grupo de Coard, por llamarlo de algún modo, lo llamábamos 'el grupo polpotiano'".

Mucho de lo que pasó en Granada ha sido clarificado en entrevistas de periodistas con George Louison, Kenrick Radix y Don Rojas, tres personalidades destacadas en Granada revolucionaria que han dado una evaluación de estos sucesos.

Una camarilla o fracción semisecreta agrupada en torno a Bernard Coard había logrado, especialmente desde mediados de 1982, fortalecer su influencia y control dentro del aparato gubernamental, el cuerpo de oficiales del ejército, y del Comité Central del Movimiento de la Nueva Joya. Más y más funcionaba como otro partido dentro del partido.

Esta agrupación se nutría de sus intentos de culpar a Bishop, y a otros que no estaban en la camarilla, por las dificultades muy reales que enfrentaba el proceso revolucionario, en lugar de tratar de resolver estos problemas y limar las diferencias por medio de un proceso de colaboración leal y trabajo práctico en común.

En lugar de funcionar en base a relaciones políticas abiertas, honestas, objetivas y desinteresadas en la dirección, el grupo de Coard consolidó sus posiciones por medio del favoritismo, el amiguismo, los privilegios y el control administrativo.

La capacidad de Coard de llevar a cabo su catastrófica

toma del poder, si bien por solo breves semanas, requiere una explicación materialista que no puede depender de una evaluación de la actuación de un individuo, aun cuando las acciones de ese individuo fueron sin duda decisivas. Estos sucesos eran una expresión de las consecuencias sociales de la presión imperialista, la pobreza y la pequeña extensión del país ya descritas. Coard aprovechó las dificultades muy reales para lograr que gente con relativamente poca experiencia política prestara atención a su argumento de que "el problema es Maurice".

En cualquier revolución que enfrenta tales obstáculos, las presiones resultantes tienen un impacto desigual sobre diferentes clases sociales y diferentes sectores de la clase obrera misma. El efecto es diferente entre el dueño de un hotel pequeño y un trabajador; entre un agricultor y un asalariado; entre un obrero relativamente privilegiado y uno que se ha beneficiado más directamente de los logros de la revolución; entre una persona que se ha situado en una posición cómoda en el aparato estatal y alguien más estrechamente vinculado a los sentimientos de las masas. Aunque no hay una correlación automática entre estas subyacentes diferencias sociales y la división que surgió dentro del partido, gobierno y ejército en Granada, no cabe duda que la principal base de apoyo de Bishop y el gobierno revolucionario era el pueblo trabajador y sobre todo la juventud. Coard y sus seguidores se habían divorciado de las masas y reflejaban actitudes burocráticas y ambiciones personales características de la pequeña burguesía, no de la clase obrera.

Es importante añadir que sin duda se habían infiltrado agentes de la CIA a todos los niveles del gobierno, partido y ejército, y organizaciones de masas, como siempre lo hacen en cualquier revolución y organización revolucionaria. Sin embargo, el imperialismo y sus agentes no crearon las divisiones dentro de la dirección revolucionaria. Lo que sí hicieron fue aprovecharse de debilidades que ya estaban ahí para agudizar las tensiones y utilizar las divisiones para su beneficio.

Los métodos pequeñoburgueses y burocráticos de la fracción de Coard en el gobierno, ejército y partido —y no una real alternativa política elaborada a fondo— eran el fundamento de la trayectoria seguida por este grupo. Sin duda Fidel Castro escogió sus palabras cuidadosamente al clasificar a esta gente públicamente el 14 de noviembre como "el grupo polpotiano".

No se trata aquí de atribuirle a Coard y sus seguidores una política fanática de expropiaciones generales, ni mucho menos toda la serie de medidas antiobreras, anticampesinas, antipopulares y antisocialistas impuestas por Pol Pot en Kampuchea.

Sin embargo, como explicó Don Rojas, "Bernard y su gente... dijeron que estaban insatisfechos con el ritmo en que evolucionaba el proceso... De alguna forma, la idea de que este proceso no estaba avanzando lo suficientemente rápido entró en la discusión ideológica del partido y llevó a una especie de polarización. Algunos decían que era preciso hacerlo avanzar más rápidamente. Otros argumentaban por una evaluación más racional, científica y menos idealista de esta cuestión".

Rojas dijo que estas críticas surgieron repentinamente, y que Coard mismo anteriormente había argumentado en contra de tales ideas como el principal funcionario gubernamental encargado de la planificación.

En lugar de reconocer *políticamente* que las condiciones

materiales y relaciones objetivas entre las clases estaban al fondo de los problemas que enfrentaba la revolución granadina, los seguidores de Coard actuaron como si fuera posible sobreponerse a estos factores de forma *administrativa*.

Los grupos de Coard y Pol Pot también compartían, aunque a grados diferentes, una similar brutalidad ultraizquierdista, antidemocrática y autoritaria hacia los obreros y campesinos. A diferencia de Bishop y otros dirigentes del NJM, las relaciones del grupo de Coard con los obreros y campesinos granadinos no se basaron en el fomento de su organización, movilización y conciencia de clase, sino en dictados administrativos y la persuasión de las armas.

Para justificar sus maniobras contra Bishop, Louison, Whiteman, Radix y otros dirigentes que no compartían su predilección por las órdenes y los mandatos, el grupo de Coard lanzó una campaña de rumores acusando a estos individuos de ser "menos marxistas" y "menos proletarios". De repente, explicó Rojas, "acusan a Maurice Bishop de ser pequeñoburgués; a Unison Whiteman de ser socialdemócrata, de representar el ala derecha dentro del partido. Fue la primera vez que jamás habíamos oído que existía un ala derecha dentro del partido".

Rojas explicó que el núcleo de la fracción de Coard la conformaban antiguos integrantes de la OREL, la Organización de Formación y Liberación Revolucionaria. En los años setenta la OREL se había fusionado con el Movimiento por Asambleas Populares (MAP), que dirigía Bishop, y la organización JEWEL dirigida por Whiteman, formando el Movimiento de la Nueva Joya. Sin embargo, explicó Rojas, las fuerzas provenientes de OREL "siempre mantuvieron una especie de círculo, el círculo de los de la OREL, dentro del Movimiento de la Nueva Joya en los años setenta y hasta después de la revolución de 1979".

En cualquier fusión genuina de organizaciones políticas, muy rápidamente deja de importar quién entre los cuadros y dirigentes de la nueva organización provino de tal o cual grupo. Nadie basa sus evaluaciones políticas o asignación de tareas en el hecho de que alguien en el nuevo partido haya sido "uno de los nuestros". Aunque los integrantes de MAP y JEWEL sí realizaron una fusión exitosa, ahora ha quedado claro que el grupo OREL dirigido por Coard jamás había adoptado esta actitud hacia el Movimiento de la Nueva Joya.

La campaña de Coard contra Bishop y otros dirigentes del partido asumió varias formas concretas.

A un nivel, dirigentes revolucionarios capaces que no eran del agrado de Coard fueron sacados del Comité Central, como por ejemplo Kenrick Radix, quien era fiscal general e integrante del gabinete de gobierno. Al mismo tiempo Coard gradualmente copó los organismos directivos y los aparatos del partido, del ejército y del gobierno con sus simpatizantes. "Lo hizo de forma muy sistemática", dice Don Rojas. "Así que cuando decidió tratar de tomar la dirección del partido, ya tenía consolidada una base de poder".

A mediados de 1982, Coard y sus allegados comenzaron a quejarse de serios problemas dentro del partido. En julio de 1982, Coard renunció del Comité Central, atribuyendo su decisión al "funcionamiento flojo y débil" del CC y su Buró Político. Dijo que ambos organismos de dirección estaban funcionando en contra de los principios marxistas-leninistas de construcción partidaria.

Comenzaron a circular acusaciones sobre la supuesta falta de profundidad política de Bishop, su falta de capacidad y disciplina leninista, y su insuficiente comprensión de la estrategia y táctica de la construcción partidaria, como explicación de la "crisis" en el NJM. Coard mismo, habiendo renunciado, jamás mencionó a Bishop por su nombre, dejando esto a cargo de sus colaboradores. Como explicó Radix, "Lo que hizo fue esconderse detrás de su esposa [Phyllis, quien aún seguía como miembro del CC] y algunos de los jóvenes para hacer su trabajo. Coard utilizó calumnias, rumores y engaños para calumniar a Maurice. Las peores tácticas estalinistas".

Esta campaña continuó por más de un año. Entonces, en septiembre de 1983, una reunión de emergencia del Comité Central fue convocada por el mayor Liam James, un seguidor de Coard en el ejército y posteriormente integrante del fugaz "Consejo Militar Revolucionario" (RMC). Bernard Coard no estaba presente, ya que había renunciado a su puesto en el Comité Central.

El teniente coronel Ewart Layne, otro seguidor de Coard y posteriormente integrante del RMC, abrió la reunión. Layne dijo que había una gran crisis en el país: un descenso en el apoyo de las masas, problemas en el partido, problemas con el mantenimiento de caminos y del servicio eléctrico, un deterioro del prestigio internacional de la revolución, y cosas por el estilo. Phyllis Coard y el ministro de movilización Selwyn Strachan, quien también resultó ser partidario de Coard, otra vez hablaron sobre las debilidades de la formación ideológica marxista-leninista del Comité Central.

Según George Louison, durante la parte inicial de la reunión no se oyeron críticas directas contra Bishop, pero posteriormente la discusión tomó ese rumbo. James, Layne y el mayor Leon Cornwall (otro partidario de Coard y luego integrante del RMC), iniciaron esta fase. Phyllis Coard se unió al ataque, afirmando que muchos miembros del partido tenían miedo de criticar a Bishop porque éste había sido "hostil a la crítica".

Según Louison, sin embargo, no fue sino hasta el último día de la reunión de dos días y medio que "de la nada surge una propuesta: el principal problema con el Comité Central son las debilidades de Maurice". Los partidarios de Coard no presentaron alternativas políticas, explicó Louison.

En su lugar, Liam James presentó una resolución donde se pedía que Bishop entregara a Coard parte de sus responsabilidades en la dirección. Bishop se encargaría, según esta propuesta, del trabajo de masas y las relaciones internacionales; sus puntos fuertes supuestamente se limitaban a esas áreas. Bernard Coard se encargaría del trabajo interno del partido y de la estrategia global, ya que era la "única" persona que "podía impulsar el proceso hacia adelante".

Whiteman y Louison argumentaron que el Comité Central debería asumir responsabilidad colectiva por los problemas que encaraba la revolución, y no tratar de echarle la culpa a Bishop o a cualquier otro individuo en la dirección. Junto con Bishop, señalaban que las condiciones materiales en Granada eran la causa de muchas de las dificultades mencionadas, y enfatizaron la necesidad de hacer esfuerzos más sistemáticos para fortalecer las relaciones entre el partido, el gobierno y los obreros y campesinos.

Cuando Louison preguntó cómo se explicaría el cambio al pueblo y a partidos políticos fraternales, se le respondió que la decisión se mantendría como secreto interno del NJM. No se le diría nada al pueblo granadino ni a otros partidos.

De los 17 integrantes del Comité Central, 13 estaban presentes, y 9 de éstos votaron a favor de la llamada resolución sobre dirección compartida. Tres se abstuvieron, entre estos Bishop y Whiteman, mientras que uno —Louison— votó en contra.

Se realizaron varias reuniones más del CC durante la segunda mitad de septiembre. Coard comenzó a asistir. Fue acordado que Bishop tendría un plazo de tiempo para considerar la propuesta de dirección compartida, y él no asistió a la mayoría de estas reuniones. Según Louison, de ahí en adelante Coard era el que realmente "estaba al mando". En una reunión el día 25, Bishop dijo que acataría la resolución sobre la dirección compartida "a condición de que sea clarificada", explicó Louison.

Rojas —quien aunque no estaba en el CC trabajaba muy estrechamente con Bishop— explicó la actitud del primer ministro hacia la propuesta. "Su actitud frente al Comité Central y el partido era que él no tenía ningún problema con la propuesta en principio; que si se trataba de una decisión mayoritaria del partido, él acataría el principio del centralismo democrático y voto mayoritario sobre esta cuestión.

"Pero quería más discusión sobre la aplicación práctica de esta propuesta de dirección conjunta. Tenía mucha dificultad, al igual que muchos otros miembros del partido, en entender precisamente cómo iba a funcionar… Y él consideraba, muy francamente, que la forma en que se había hecho la propuesta lo habría marginado, en efecto, de toda influencia en los máximos órganos de decisión del partido".

La actitud de Bishop hacia las propuestas de los seguidores de Coard de poner el partido sobre una base "más leninista" era similar. "Maurice y los demás compañeros no tenían ninguna dificultad en aceptar el concepto", explicó Rojas, "si significaba una actitud más disciplinada y seria hacia el trabajo partidista, las normas de la vida partidaria, el estudio, la aplicación de los principios fundamentales sobre los que se había construido el partido, el entendimiento del centralismo democrático, y la adherencia al principio de la crítica y autocrítica...

"Pero yo creo que se estaba utilizando a Lenin para ocultar otra cosa. Parece que el llamado por una orientación más leninista se estaba utilizando para encubrir lo que era esencialmente un asalto al poder".

Para fines de septiembre, Bishop, Whiteman, Louison y Rojas partieron para Hungría y Checoslovaquia para tratar de obtener generadores adicionales de electricidad para la isla. Fue entonces, explica Louison, que el grupo de Coard se aprovechó de la ausencia de Bishop para comenzar a desarmar sistemáticamente a la milicia. Coard y sus seguidores sabían lo que se avecinaba, y también entendían que su base estaba entre los oficiales del ejército y algunas unidades, no entre los obreros y campesinos armados de Granada.

Bishop y los otros dirigentes del NJM estuvieron de paso en Cuba por un par de días a su regreso de Europa Oriental. Fidel Castro explicó en su discurso del 14 de noviembre que durante su estadía en Cuba, "Bishop, a pesar de sus vínculos estrechos y fraternales con la dirección de nuestro partido, jamás dijo una sola palabra sobre las disensiones internas que se desarrollaban. Por el contrario, en su última conversación con nosotros se expresó en términos autocríticos sobre su trabajo en relación con la atención que debía brindar a las fuerzas armadas y a las organizaciones de masas. Prácticamente toda la dirección de nuestro partido y nuestro estado compartieron con él largas, fraternales y amistosas horas en la noche del 7 de octubre, antes de su partida de regreso a Granada".

Contrariamente a la práctica anterior, solo un dirigente del NJM y el gobierno estaba en el aeropuerto para darle la bienvenida a Bishop cuando regresó a Granada el 8 de octubre. Durante los próximos dos días, Bernard Coard, quien había actuado como primer ministro interino durante la ausencia de Bishop, no hizo ningún esfuerzo por contactar a Bishop e informarlo sobre lo que había ocurrido en su ausencia.

Cuando Coard supo que la delegación se había reunido en Cuba con Fidel Castro y otros dirigentes cubanos, acusó a Bishop, Whiteman, Louison y Rojas de haber revelado asuntos internos del NJM a otros partidos y de haber tratado de obtener el apoyo de Cuba para sus posiciones. Los cuatro integrantes de la delegación negaron que esto fuese cierto.

Coard y sus seguidores "hasta llegaron a decir que Fidel se había convertido en un pequeño dios en Cuba", dijo Louison, con la clara inferencia de que lo mismo estaba ocurriendo en Granada. Esto fue el primer paso en una nueva campaña de calumnias contra Bishop, centradas en acusaciones de supuesto "unipersonalismo" y "culto de la personalidad".

"Esa fue posiblemente la acusación más débil de todas", dijo Rojas. "La gente que conoció a Maurice Bishop sabe que él era quizá el más modesto y menos arrogante entre todos los altos dirigentes del partido. Era el más flexible y probablemente el partidario número uno del principio de la dirección colectiva".

En vista de estos sucesos, relata Louison, Bishop informó a los demás integrantes del Comité Central que él quería tener una reunión del Comité Central o del Buró Político para discutir nuevamente la propuesta de dirección conjunta, su aplicación práctica y sus consecuencias.

Entonces, el 12 de octubre, fue puesta en marcha una serie de sucesos que de hecho llevaría, antes de terminar el día, a un golpe de estado y al derrocamiento del gobierno obrero y campesino.

Esos sucesos comenzaron poco después de las doce de la noche, cuando los integrantes de la custodia personal de Bishop fueron despertados y citados a una reunión mientras Bishop dormía. Según Louison, se les dijo que Bishop "se estaba convirtiendo en un dictador" y que "su responsabilidad era defender al pueblo trabajador y no a algún dirigente". Esto era para preparar la detención domiciliaria que se le impondría a Bishop el día siguiente.

A las siete de la mañana, los integrantes del NJM en el ejército realizaron una reunión y aprobaron una resolución acusando a Bishop y Louison de intentar revertir la anterior decisión del Comité Central y exigiendo que estos "oportunistas" fueran expulsados del partido.

A las nueve se reunió el Buró Político. Los principales puntos en su temario fueron la resolución aprobada en la reunión de los militares y la expulsión de Louison del Buró Político y del CC por supuestas violaciones al centralismo democrático.

Más tarde ese mismo día se reunió el Comité Central. Expulsó a Louison y sus integrantes presentaron una nueva acusación contra Bishop: que él estaba regando el rumor de que Bernard y Phyllis Coard tramaban para asesinarlo. Louison dice que "esta era una mentira total... inventada por Bernard para justificar su posición". Rojas y Radix confirman esto.

El CC exigió que Bishop grabara una declaración para ser transmitida por la radio en la cual declararía que el supuesto rumor era falso. Bishop lo hizo. Al final de su reunión, el CC decidió colocar a Bishop bajo detención domiciliaria. Sus teléfonos fueron desconectados, y todos los guardias sospechosos de ser leales a Bishop fueron desarmados y reemplazados. El hermano de George Louison, Einstein Louison —el jefe del estado mayor del ejército y el oficial de más alto rango no alineado con Coard— también fue puesto bajo detención domiciliaria.

Tan pronto como empezaron a circular versiones sobre la detención de Bishop, comenzó a aparecer en muros por toda Granada la consigna "No Bishop, No Revo" —sin Bishop no hay revolución. Y ese sentimiento inmediato y espontáneo de las masas reflejaba la realidad. El gobierno obrero y campesino que habían establecido con su insurrección el 13 de marzo de 1979 había sido derrocado.

Al siguiente día se realizó una reunión de 400 militantes del Movimiento de la Nueva Joya. Trajeron a Bishop ante esta reunión, presentaron las acusaciones en su contra y le ordenaron que comentara sobre ellas. Bishop negó a rajatabla haber promovido tal rumor.

Coard, quien asistió a la reunión, no habló. Una vez más, permitió que sus partidarios se encargaran del trabajo sucio. Uno tras otro se levantaron para denunciar a Bishop. "Dijeron que era un individuo peligroso", recuerda Louison. Rojas reporta que se propuso expulsar a Bishop del partido y hasta someterlo a consejo de guerra.

"Todos pensábamos que el propósito de la reunión sin duda era votar sobre esta cuestión y llegar a algún consenso dentro del partido, alguna línea para explicarles a las masas por qué Maurice Bishop estaba bajo arresto domiciliario".

Sin embargo no se tomó ningún voto sobre las propuestas. El grupo de Coard en el Comité Central explicó que el propósito de la reunión había sido simplemente informar a los miembros sobre las medidas ya adoptadas por el CC para que pudieran comenzar a llevar estas decisiones a la población el día siguiente.

El ambiente en la reunión era "intimidatorio, bien intimidatorio", dijo Louison. "Ya le habían cortado la cabeza a Maurice y también a mí. Esto sería un buen escarmiento para impedir más ofensas". Bishop fue puesto de vuelta en detención domiciliaria después de la reunión.

El día siguiente, el 14 de octubre, los partidarios de Coard comenzaron a reunirse con varios grupos de las organizaciones de masas, los lugares de trabajo y otros sectores para justificar sus acciones. Selwyn Strachan, por ejemplo, intentó realizar una reunión en medio de St. George's para anunciar que Bishop había sido reemplazado como primer ministro por Coard. La gente se reunió y lo corrió de la calle. Poco más tarde ese mismo día Radio Granada Libre anunció que Coard había renunciado como vice primer ministro y ministro de finanzas para desmentir las versiones de que él estaba intentando matar a Bishop.

Estos sucesos del 14 de octubre fueron los primeros reportados por los medios de comunicación internacionales. De ese momento en adelante, Bernard y Phyllis Coard y Strachan evidentemente decidieron perderse de vista pública por un tiempo, tratando de sobrevivir la tormenta de oposición popular, que obviamente habían juzgado mal. No se oyó nada de ellos públicamente sino hasta después de la invasión norteamericana y su detención por las tropas de ocupación.

El día siguiente, el 15 de octubre, Kenrick Radix junto con el dirigente sindical Fitzroy Bain encabezaron la primera manifestación callejera exigiendo la liberación de Bishop y su reinstitución como primer ministro. Louison inició una serie de reuniones con Coard, buscando encontrar alguna manera de resolver la situación que continuaba agravándose.

Según el gobierno cubano, Fidel Castro envió un mensaje al Comité Central del NJM ese mismo día. Fue entregado directamente a Coard. Aunque Cuba no tenía la más mínima intención de inmiscuirse en los asuntos internos de Granada, señalaba el mensaje, Castro "Expresó... su profunda preocupación de que la división surgida podía dañar considerablemente la imagen del proceso revolucionario de Granada, tanto en el interior como en el exterior del país. En la propia Cuba, donde Bishop era altamente apreciado, no serían fáciles de explicar los hechos, y se albergaba la esperanza de que las dificultades pudieran superarse con el máximo de sabiduría, serenidad, lealtad a los principios y generosidad", según explicó la declaración del Partido Comunista y el Gobierno Revolucionario de Cuba sobre los sucesos de Granada el 20 de octubre. Pero Coard no prestó ninguna atención a las preocupaciones de Cuba.

"Este grupo de Coard que tomó el poder en Granada, se manifestó desde el primer instante con grandes reservas hacia Cuba, por nuestra conocida e incuestionable amistad con Bishop", explicó Fidel Castro en su discurso del 14 de noviembre.

El 16 de octubre, el general Hudson Austin pronunció un discurso por Radio Granada Libre que buscaba disipar y desmovilizar las crecientes protestas evidenciadas por la reacción a Strachan y las manifestaciones callejeras. Ahora buscaba calmar a los granadinos asegurándoles que no se estaba desafiando a Bishop como primer ministro, y que éste simplemente estaba "en su casa y perfectamente seguro".

Entonces Austin llegó al verdadero objetivo de su discurso por radio: presentar públicamente por primera vez las calumnias contra Bishop. El NJM, dijo Austin, había votado expulsar a Bishop "para frenar el constante crecimiento del gobierno unipersonal en nuestro partido y país". Las mentiras sobre el rumor y demás acusaciones también fueron reiteradas. Bishop había "deshonrado" a Granada con estas acciones, dijo Austin, y había sido expulsado del NJM. Al mismo tiempo, Austin enfatizó que "no ha habido ninguna disputa" sobre "la línea política y económica del partido".

El 18 de octubre Radix encabezó una segunda manifestación callejera, tras la cual fue detenido y encarcelado por los seguidores de Coard. Unison Whiteman, ministro de relaciones exteriores, regresó a Granada de Estados Unidos donde había estado para hablar ante la Asamblea General de las Naciones Unidas la semana anterior. Inmediatamente comenzó a trabajar con Louison, todavía albergando la esperanza de poder llegar a algún arreglo con Coard. Pero las fuerzas tanto incontrolables como controlables, desatadas por las acciones de los seguidores de Coard, ya habían puesto esa esperanza fuera de alcance.

Coard y su grupo "despreciaban totalmente al pueblo granadino", recordó Louison después. "Consideraban que eventualmente lograrían explicar aceptablemente cualquier acción que tomaran". El pueblo "inevitablemente se va a cansar y va a tener hambre" le dijo Coard a Louison, y entonces dejarían de marchar y regresarían al trabajo. Las cosas regresarían a la normalidad. Gairy había permitido que la gente se manifestara contra él casi todos los días por dos meses entre 1973 y 1974, Coard le recordó.

Hasta ese momento, dijo Louison, "todavía creía que era posible una solución pacífica". El 18 de octubre se convenció de que la realidad era otra. "Había un definido sector del Comité Central que quería una solución militar", Louison explicó. "Eso lo tengo muy en claro porque yo lo discutí con ellos".

Whiteman se comunicó con una agencia caribeña de prensa más tarde ese mismo día y anunció que él, Louison, el ministro de vivienda Norris Bain, y la ministra de educación Jacqueline Creft, todos habían renunciado del gobierno. Poco después Louison fue encarcelado.

Entonces vino el 19 de octubre, el infame Miércoles Sangriento de Coard. Unison Whiteman y Fitzroy Bain organizaron una nueva manifestación, de unas cinco mil personas, mientras que 25 ó 30 mil personas se congregaron en el mercado esperando que Bishop les hablara. Representaba más o menos la cuarta parte de la población del país, el equivalente de 60 ó 75 millones de personas en Estados Unidos. Los manifestantes fueron a la casa de Bishop y lo liberaron. Entre los últimos aún con vida en hablar con Bishop estaba Don Rojas, su secretario de prensa. Según informa Rojas, Bishop le dijo que "esos criminales arriba en la colina" iban a enfilar sus fusiles en contra del pueblo. El pueblo, dijo, "debe desarmarlos" antes de que ocurra eso.

Bishop le pidió a Rojas que se trasladara a la central telefónica con un grupo de gente y que le comunicara varios mensajes al mundo. Le pidió a Rojas que hiciera un llamamiento a la comunidad granadina en el exterior y al movimiento sindical y fuerzas progresistas en la región a que expresaran su solidaridad con la manifestación popular en St. George's ese día.

Bishop estaba preocupado por los esfuerzos de un puñado de derechistas en Granada de valerse de las protestas contra su detención para hacer propaganda anticubana y anticomunista. Le pidió a Rojas "desmentir los rumores de que los cubanos estaban involucrados en el conflicto. Quería que eso quedara muy claro", dijo Rojas.

Sobre todo, Bishop le dijo que comunicara que "los granadinos eran capaces de resolver sus propios problemas y que no se necesitaba ningún tipo de injerencia o intervención extranjera".

La manifestación de masas llegó al Fuerte Rupert, el cuartel del ejército nombrado en honor al padre de Maurice Bishop quien había sido asesinado por los esbirros de Gairy. La mayoría de los soldados ahí se unieron a la manifestación, entregando sus armas a los miembros de la milicia que estaban entre la multitud. La idea en ese momento era que Bishop se dirigiera al pueblo congregado en el mercado por un teléfono conectado a altoparlantes.

Este fue un último intento por parte de Bishop, Whiteman y otros dirigentes centrales del NJM de salvar la revolución y restaurar el gobierno obrero y campesino. Buscaron hacer un llamamiento al ejército a no seguir las órdenes de sus superiores y a juntarse con el pueblo para derrocar al ilegítimo régimen de Coard que había estrangulado al gobierno revolucionario. La respuesta de los soldados en el Fuerte Rupert demuestra que las posibilidades de éxito eran buenas, si hubiera habido tiempo suficiente para difundir el mensaje de Bishop y comenzar a organizar sobre esta base. Este camino seguido por Bishop era la única alternativa revolucionaria posible bajo las circunstancias.

Poco después de llegar la manifestación al Fuerte Rupert, sin embargo, Coard ordenó que tres vehículos blindados fueran al cuartel. Abrieron fuego con armas automáticas sobre el pueblo, asesinando a un número desconocido de personas e hiriendo a muchas más. Bishop, Whiteman, Fitzroy Bain, Norris Bain, Jacqueline Creft y el dirigente sindical Vincent Noel se entregaron pacíficamente y fueron fusilados sumariamente dentro del fuerte.

"Estoy cien por ciento seguro [de que Coard] ordenó las muertes", Louison dijo después. Radix coincide con este criterio. A pesar de que Coard había desaparecido dc la vida pública, buscando desviar la ira popular, Radix afirmó: "Quiero que quede claro que el RMC [Consejo Militar Revolucionario encabezado por el general Austin] era una extensión de Bernard Coard... El lo diseñó".

Estos son los sucesos, al grado que se conocen en este momento, en torno al derrocamiento del gobierno obrero y campesino de Granada. La fracción secreta de Coard había evolucionado, del camarillismo y la ambición a la traición de la revolución y finalmente a la masacre del pueblo revolucionario y su dirección.

En este proceso, Coard entregó Granada al imperialismo norteamericano: "servida en una bandeja con todos los condimentos", como señaló Don Rojas. Por eso la resistencia a la invasión por parte de los granadinos fue limitada, aunque, como dijo Fidel Castro "a pesar de esas circunstancias adversas, un número de soldados granadinos murió combatiendo heroicamente contra los invasores". Las acciones del grupo de Coard son también responsables por la confusión de muchos granadinos sobre los objetivos contrarrevolucionarios de la invasión, y de que algunos granadinos que habían apoyado la revolución ahora han caído víctimas de la mentira —difundida tanto por Coard y sus seguidores como por los imperialistas— de que los traidores eran los "verdaderos marxistas".

Tan pronto se dio la detención de Bishop, los gobernantes norteamericanos entendieron que esta era la oportunidad que habían aguardado, una apertura que les permitiría aplastar todo lo que quedaba de la revolución y de las organizaciones de masas. También consideraban que deberían actuar rápidamente para impedir que estallara una guerra civil y surgiera una nueva dirección del NJM que pudiera tumbar al ilegítimo gobierno de Coard y restaurar un gobierno revolucionario. Radix, Louison y Rojas todos están convencidos de que la mayoría revolucionaria del pueblo de Granada tenía buenas posibilidades de lograr esto si Washington no hubiese invadido.

Por supuesto, el gobierno de Estados Unidos podría haber intentado aplastar la revolución militarmente aun si estos sucesos no hubieran tenido lugar. Posiblemente lo habría logrado aunque esto estaba lejos de ser asegurado. Pero la fuerza de la revolución había convencido a Washington por más de cuatro años que no debía intentarlo, y una invasión no era inevitable en el futuro previsible. Además, el precio político que el imperialismo norteamericano hubiera tenido que pagar por tal invasión habría sido mucho mayor. Como cualquiera que visitó Granada durante la época revolucionaria pudo constatar, el compromiso del pueblo con el proceso era muy fuerte y los obreros y campesinos hubieran librado una gran batalla por defender a *su* gobierno.

Pero ese gobierno ya había sido derrocado, el pueblo desarmado y desmovilizado. El fraccionalismo y la operación divisionista de Coard inclinaron fatal y decisivamente la balanza a favor de Washington.

El papel internacionalista de la revolución cubana

Hay otro factor importante que habría pesado a favor de la revolución granadina si Coard no hubiera derrocado al gobierno revolucionario. Es la ayuda que Cuba podría haber brindado en caso de una invasión. El gobierno y el pueblo revolucionarios de Cuba habían dejado bien claro que harían todo lo que estuviera a su alcance por defender la revolución granadina. Bishop le dijo a la concentración del Primero de Mayo de 1980 en La Habana que "en Granada jamás olvidaremos que fue la asistencia militar de Cuba durante las primeras semanas de nuestra revolución lo que nos ofreció la base para defender nuestra propia revolución".

En una conferencia de prensa la noche del 25 de octubre y la madrugada del 26, y nuevamente de forma más breve en su discurso del 14 de noviembre, Fidel Castro explicó cómo el gobierno cubano se había comportado en los días antes de la agresión. El 20 de octubre el gobierno y partido cubanos habían emitido una declaración pública denunciando las acciones criminales del llamado Consejo Militar Revolucionario (RMC).

Los revolucionarios cubanos hicieron públicos una serie de documentos, no solo porque tenían que dejar bien clara su posición —tergiversada por la propaganda imperialista— sino también porque entendían que los trabajadores y oprimidos de todo el mundo necesitaban una explicación de las acciones traicioneras y una indicación de que actitud asumir.

Aunque indicaron que las acciones del grupo de Coard habían hecho casi inevitable que Estados Unidos las aprovechara para invadir, los cubanos conscientemente se comportaron de tal manera que obligaron a los imperialistas a pagar el máximo precio posible por su agresión. Buscaron poner a los obreros y campesinos de Nicaragua, El Salvador y Cuba en la mejor posición posible para defender sus revoluciones contra la escalada intervencionista norteamericana en la región.

Pese a la ola de mentiras y calumnias anticubanas que

inundaron los medios de comunicación capitalistas durante los sucesos de Granada, el gobierno y pueblo cubanos y su dirección se ganaron gran respeto y reconocimiento a escala mundial por su conducta ejemplar. Mucha gente hoy entiende más claramente que antes la importancia y el carácter revolucionario del papel que la dirección cubana desempeña en la política a escala mundial. Esto ha aumentado el prestigio de la revolución cubana en sectores avanzados del movimiento negro en Estados Unidos, por ejemplo.

En las declaraciones del 20 y 25 de octubre y en el discurso del 14 de noviembre, los cubanos dejan bien claro varios aspectos de su política internacionalista proletaria.

En primer lugar, los cubanos hicieron hincapié en que su política internacional se basa en el principio de no inmiscuirse en los asuntos internos de otros partidos, países y gobiernos. Todas las relaciones o los acuerdos que existen, son entablados a petición de esos partidos y gobiernos, sin imposiciones políticas. Los cubanos no tratan de escoger a los dirigentes, oponer unos a otros, o imponer una política. Están dispuestos a brindar su opinión generosamente, pero solo cuando se les pide y en calidad de opinión, no de órdenes.

"Lo que puede señalarse en honor de nuestra revolución", replicó Fidel Castro el 14 de noviembre, "es que no obstante la profunda indignación que produjo entre nosotros la destitución y el arresto de Bishop, nos abstuvimos en absoluto de inmiscuirnos en los asuntos internos, a pesar de que nuestros constructores y demás colaboradores en Granada, que no vacilaron en enfrentarse a los soldados yanquis, con las armas que el propio Bishop les había entregado para su defensa en caso de agresión exterior, podían haber sido un factor decisivo en los acontecimientos internos. Pero jamás se supuso y jamás habríamos aceptado que esas armas se utilizasen en conflictos internos de Granada, y nunca habríamos estado dispuestos a derramar ni una sola gota de sangre granadina".

En segundo lugar, los cubanos explican que a pesar de contar con modestos recursos, están dispuestos a hacer lo que puedan para ayudar a pueblos por todo el mundo que son explotados por el imperialismo o que están luchando contra él. En su discurso del 14 de noviembre, Fidel Castro subrayó que a pesar de las "pésimas" relaciones con el gobierno de Coard, "No podíamos resignarnos a la idea de dejar sin médicos a los granadinos, ni dejar sin terminar el aeropuerto, que era vital para la economía del país".

Una vez que Washington envió su armada hacia Granada, continuó Fidel, Cuba se encontró "en una situación moralmente compleja y difícil... En esas condiciones, nosotros bajo ningún concepto podíamos abandonar el país. Si el imperialismo tenía realmente intenciones de atacar a Granada, nuestro deber era permanecer allí. Retirarse en ese momento era un deshonor y podía incluso estimular la agresión, ahora en ese país y mañana en Cuba".

Bajo las condiciones imposibles creadas por el grupo de Coard, Cuba llegó a la decisión necesaria y correcta de que el personal cubano en Granada debería defenderse militarmente "solo si somos directamente atacados", como explicó Fidel Castro en un mensaje a los cubanos en Granada el 22 de octubre, tres días antes de la invasión. "Así nos estaríamos defendiendo nosotros, no al gobierno [de Coard] y sus hechos".

Ese mismo día 22 Cuba envió un mensaje al RMC, rechazando un pedido del general Austin por ayuda militar. En un mensaje a la embajada cubana en Granada el día siguiente, Cuba explicó su decisión, señalando que era "la responsabilidad exclusiva de los propios revolucionarios granadinos haber creado esta situación desventajosa y difícil al proceso revolucionario en el terreno político y militar". (El grupo de Coard ya estaba difundiendo la acusación calumniosa de que la culpa por la inminente agresión yanqui la tenía Cuba por su declaración del 20 de octubre condenando el asesinato de Bishop.)

En su respuesta a los dirigentes del RMC, el gobierno cubano subrayó que, aunque rechazaba el pedido de ayuda militar, Cuba realizaría una vigorosa campaña política contra las amenazas de Estados Unidos contra Granada. "Si la invasión se produce de todas formas", dijo el mensaje cubano, el deber de los dirigentes del RMC era "morir combatiendo por difícil y desventajosas que sean las circunstancias" (deber —dicho sea de paso— que ni uno de los integrantes del RMC mostró ni la más mínima inclinación por cumplir). "Es notable", señaló Don Rojas, "que los quince miembros del RMC así como Coard, Strachan y Austin todos se rindieron a los invasores yanquis o fueron capturados sin brindar resistencia. Este era el mismo grupo que había… llamado al pueblo granadino a 'luchar hasta el último hombre, mujer y niño'".

Cuando vino la invasión, las relaciones entre Cuba y el gobierno de Coard eran tan tensas y frías que no hubo ninguna coordinación militar entre el ejército granadino y los constructores cubanos. Los colaboradores cubanos siguieron sus instrucciones, comenzaron a combatir solo tras ser traicioneramente atacados por fuerzas élites norteamericanas muy superiores en número y equipo, y lucharon heroicamente y bien. Muchos de ellos brindaron sus vidas para darle a Washington un pequeño ejemplo de lo que podría anticipar si intentara invadir El Salvador, Nicaragua o Cuba.

No es la primera vez

Como señaló Fidel Castro en su discurso en La Habana el 14 de noviembre, lo que pasó en Granada a instigación de Coard tiene antecedentes en el movimiento revolucionario. Los marxistas cubanos tuvieron sus propias experiencias en 1962 y otra vez en 1966–68 con el tipo de métodos utilizados por Coard y con los peligros que plantean.

A fines de 1961, el Movimiento 26 de Julio —que había dirigido a los obreros y campesinos hasta la victoria y consolidación del primer estado obrero en las Américas— se fusionó con el Partido Socialista Popular, como se llamaba el Partido Comunista tradicional en Cuba antes de la revolución, y con el Directorio Revolucionario. El nuevo partido tomó el nombre de Organizaciones Revolucionarias Integradas (ORI).

Aníbal Escalante, veterano dirigente del PSP, era el secretario de organización de las ORI. Abusó de su puesto reemplazando a cuadros en el aparato estatal y partidista con cuadros provenientes del antiguo PSP. Toleró prácticas burocráticas, privilegios y hasta corrupción por parte de los funcionarios que él había impuesto.

Escalante también lanzó una campaña de rumores tendiente a desprestigiar a Fidel Castro y demás dirigentes de la revolución. Se acusó a Castro de ser insuficientemente marxista y de no funcionar de modo colectivo en la dirección. El tremendo apoyo y respeto del pueblo cubano hacia Fidel Castro fue tachado como indicación de que se estaba promoviendo un "culto de la personalidad". Supuestamente, solo los "viejos comunistas" del PSP eran los verdaderos marxistas.

Para frenar estos abusos, la Dirección Nacional de las ORI realizó un extenso análisis de la situación, quitó a Escalante de su puesto, y lanzó una importante reorganización de las ORI. En marzo de 1962, Fidel Castro pronunció un discurso televisado informando a la población sobre las conclusiones de la Dirección Nacional de las ORI, las medidas adoptadas, y las lecciones a sacar de esta experiencia. Por lo general, el discurso es conocido en el exterior bajo el nombre "Contra la burocracia y el sectarismo" o alguna variante así, aunque se publicó en Cuba bajo el nombre "Algunos problemas de los métodos y formas de trabajo de las ORI".

Castro denunció que el funcionamiento consciente de Escalante tendía "a la conversión de ese aparato [las ORI] no en un aparato de vanguardia de la clase obrera, sino en un nido de privilegios, de tolerancia, de beneficios, en un sistema de mercedes y favores de todo tipo".

Sobre las unidades de base de las ORI, los núcleos, Fidel Castro dijo: "Y ¿qué era el núcleo?... Estaba convirtiéndose en un cascarón de revolucionarios, concededor de mercedes... y, en consecuencia, no iba a ser rodeado por el prestigio que debe tener un núcleo revolucionario, emanado única y exclusivamente por su autoridad ante las masas, por sus integrantes como modelos de trabajadores, como prototipos de revolucionarios, sino porque era el núcleo donde podía recibirse un favor, esperar un favor, una merced, un daño o un bien".

En vista del torrente de propaganda burguesa desatado en torno a los sucesos de Granada, es interesante escuchar la referencia de Castro a una campaña similar en esa época: "Es lógico que el enemigo aprovechara estos errores para confundir, para salir a decir por ahí que los comunistas se lo habían cogido todo, para salir a decir por ahí que Fidel había sido sustituido por Blas [Roca, otro dirigente del antiguo PSP] o por Aníbal [Escalante] o por quien fuera, y que Raúl [Castro] por el otro, así los demás".

Castro enfrentó sin rodeos la acusación de que él estaba tratando de crear un culto de la personalidad. Señaló que el "culto a la personalidad" es algo "que no tiene nada que ver con el prestigio de los dirigentes, que no tiene nada que ver con la autoridad de los dirigentes...

"Nosotros sabemos que esos problemas no existen en nuestro país, sino de otra forma...

"En nuestro país no ha habido la amenaza de estos males. La única que había es ésa y, sin embargo, no la vimos, ¡qué ciegos estábamos! ¡Cuánto divorcio entre la teoría y la práctica, qué buena lección!"

Castro señaló que las discusiones excesivas y exageradas sobre el "culto a la personalidad" habían ayudado a una campaña enemiga por socavar la autoridad de los dirigentes de la revolución. "Destruir los prestigios de la revolución: ¿para qué? ¿Para qué? Si mientras más prestigios tenga la revolución, mejor. Mientras más voces autorizadas tenga la revolución, mejor...

"Si tenemos un líder, dos, diez, con prestigio, debemos tener más líderes con prestigio. No destruir a los líderes con prestigio", dijo, porque esto solo destruye el prestigio de la revolución misma.

La campaña de rumores y las prácticas sectarias y burocráticas habían dañado a la revolución, señaló. "Esto desalentaba a las masas", y aunque las masas "no se volverán contra la revolución", estas prácticas "entibiaban el entusiasmo de las masas, entibiaban el fervor de las masas".

Además, "ese sectarismo engendra nuevo anticomunismo", explicó. Mediante la educación paciente y la experiencia, los dirigentes de la revolución se habían esforzado mucho en combatir el anticomunismo que aún persistía en Cuba durante los primeros años de la revolución. Pero, ante los métodos burocráticos del grupo de Escalante, explicó, "Veinte gentes comienzan a preguntarse: '¿Pero esto es comunismo, esto es marxismo, esto es socialismo? ¿esta arbitrariedad, este abuso, este privilegio, toda esta cosa? ¿esto es comunismo?' "

Fidel también comentó sobre la acusación de que algunos dirigentes de la revolución eran menos "marxistas" que los demás debido a sus orígenes políticos. "La revolución está absolutamente definida como marxista-leninista... ¡Nadie sueñe, ni se haga ilusión nadie! ¡No se imaginen que ni una pulgada atrás, no, sino que vamos a avanzar!"

Concluyó Fidel su discurso señalando que "a partir de este momento, compañeros, debe cesar definitivamente toda diferencia entre viejo y nuevo, entre la Sierra y el Llano, el que tiró tiros y el que no tiró tiros, el que estudió marxismo y el que no estudió marxismo antes. Que a partir de este momento nosotros tenemos que ser una sola cosa... ¡Nosotros... debemos mirar hacia delante, compañeros!". Es decir, que cada cuadro del partido forma parte de una organización común cuyo objetivo es hacer avanzar la revolución sobre la base del estudio y aplicación del programa y la estrategia marxistas al calor de la lucha de clases en Cuba y alrededor del mundo.

Tras el discurso de Fidel, Escalante fue enviado a ocupar un puesto en el exterior como funcionario diplomático de bajo rango. Durante los próximos años, las presiones militares y económicas del imperialismo sobre Cuba continuaron intensificándose, agravando los desabastecimientos y otras dificultades. Intentos de romper el aislamiento de Cuba mediante la ayuda a movimientos revolucionarios guerrilleros en América Latina no dieron resultados, culminando con la derrota y muerte del comandante Ernesto Che Guevara en Bolivia. Algunas medidas domésticas destinadas a acelerar el desarrollo económico resultaron ser demasiado ambiciosas y no factibles en la situación concreta de Cuba.

En 1964, Escalante pidió regresar a la isla, en base a que su hermano César estaba muy enfermo. Poco después de regresar, reinició su actividad fraccional secreta, utilizando los mismos métodos de insinuación y calumnia en una situación de tensiones sociales más agudas que en 1962.

Nuevamente de forma similar a las acusaciones de Coard contra Maurice Bishop, los partidarios de Escalante comenzaron a "hacerse pasar como los héroes de una batalla contra la dirección pequeñoburguesa", como explicó Carlos Rafael Rodríguez en la reunión del Comité Central de lo que entonces ya se había constituido como el Partido Comunista de Cuba, realizada a principios de 1968 para ventilar el caso Escalante. Uno de los seguidores de Escalante se quejó a varios funcionarios soviéticos de bajo rango en Cuba de que "Fidel quiere que Cuba sea el centro del mundo entero… para que él pueda lograr una estatura mayor que la de Marx, Engels y Lenin" y que en Cuba "la política la decide Fidel Castro y nadie más".

Durante la reunión del Comité Central, Carlos Rafael Rodríguez —él mismo un veterano dirigente del PSP— explicó lo que estaba en juego en la lucha contra Escalante y sus métodos. El daño causado por Escalante "está en el hecho de que frustró un proceso de unidad que comenzó siendo, y podría haber sido, un proceso jubiloso, fraternal, en el que compañeros de varias organizaciones, que habían trabajado juntos o separados hacia el mismo objetivo, estaban comenzando a unirse". Y aunque Escalante no logró que la fusión se detuviera, dijo Rodríguez, "convirtió eso en un proceso amargo, uno que desde entonces ha sido doloroso".

El número de gente involucrada en el segundo caso Escalante era muy pequeño —tanto que los cubanos le pusieron el nombre de "microfracción"— pero en un aspecto sus actividades fueron aún más graves que en 1962. Escalante y sus partidarios trataron de aprovecharse de tensiones que habían surgido entre el gobierno de Cuba por un lado, y los de la Unión Soviética y otros países de Europa oriental por el otro, en torno a diferencias políticas sobre la ayuda a Vietnam, la estrategia revolucionaria en América Latina y otras cuestiones. La camarilla de Escalante instó a personal diplomático soviético y checoslovaco a que convencieran a sus respectivos gobiernos de que presionaran por un cambio en la política de la revolución cubana. Hasta llegaron a proponer que utilizaran una interrupción o demora de ayuda económica y militar a Cuba como un garrote fraccional contra la dirección revolucionaria. Algunos funcionarios de estos dos países —que posteriormente fueron ordenados a salir de Cuba— cooperaron con las maniobras de Escalante. En 1968 Escalante y el núcleo de su grupo fueron enjuiciados por violaciones a las leyes cubanas cometidas en el curso de sus actividades fraccionales, y fueron condenados a prisión.

De estas dos rondas en la batalla contra Aníbal Escalante y sus seguidores la dirección cubana sacó importantes lecciones sobre métodos de dirección, el problema del burocratismo y la relación entre el ejército, el partido, el aparato estatal, las organizaciones de masas y los obreros y campesinos.

Durante su discurso en marzo de 1962, Fidel Castro explicó un nuevo procedimiento para ingresar como militante al partido que aseguraría una mayor vinculación y prestigio con las masas. A partir de entonces, la mayoría de los aspirantes a militante del partido han podido ingresar solo después de ser elegidos trabajadores ejemplares por una asamblea de todos los obreros de la empresa donde trabajan. De esta forma también se ayuda a garantizar una composición social más proletaria en el partido, una cuestión a la cual el Partido Comunista de Cuba le ha prestado mucha atención desde entonces. Por ejemplo, en el segundo congreso del partido en 1980, Fidel Castro anunció con orgullo que el número de obreros en el partido se había triplicado desde el primer congreso en 1975. Señaló además que el partido y su dirección contaban con un mayor número de mujeres, veteranos de misiones internacionalistas, y más pequeños agricultores y trabajadores agrícolas. Como resultado, el partido también era "más revolucionario y más marxista-leninista".

En particular, los sucesos de 1968 subrayaron de nuevo el principio que la revolución cubana señaló una y otra vez en sus declaraciones sobre Granada: la no injerencia en los asuntos internos de otros gobiernos y partidos.

Combinados con circunstancias objetivas difíciles, los métodos de dirección fraccionales y administrativos como los del grupo de Coard pueden escindir al partido obrero de vanguardia, divorciarlo de las masas, y llevar a la destrucción de la revolución. En el curso de esto, los obreros y campesinos pueden quedar prácticamente indefensos frente a la agresión imperialista.

Como demuestra el ejemplo de Cuba, sin embargo, tal desenlace no es inevitable. En su discurso del 14 de noviembre, Fidel Castro les advirtió a los imperialistas: "Ojalá que la pírrica victoria de Granada y la atmósfera triunfalista que los embriaga no los conduzca a graves e irreversibles errores.

"Las peculiares circunstancias de división entre los revolucionarios y el divorcio con el pueblo que encontraron en la pequeña Granada no las encontrarán en El Salvador, en Nicaragua, ni en Cuba".

Refiriéndose a la heroica resistencia de los constructores y demás colaboradores cubanos en Point Salines, Castro dijo: "Si en Granada necesitaron una división élite para combatir contra un puñado de hombres que luchaban aislados en un pequeño reducto, sin fortificación alguna, a mil millas de su patria, ¿cuántas divisiones necesitarían contra millones de combatientes en su propio suelo, junto a su propio pueblo?"

El ministro de defensa nicaragüense Humberto Ortega advirtió que los imperialistas norteamericanos "no nos agarrarán con las armas acuarteladas. Ya estamos distribuyendo armas y millones de municiones en distintos puntos del país".

Y el presidente de Vietnam, Truong Chinh, tras condenar la invasión de Granada advirtió que si Washington "fuese lo suficientemente temerario como para invadir Cuba y Nicaragua, entonces surgirían muchos nuevos Vietnam en Centro y Latinoamérica".

Sin duda, no va a ser fácil para Washington cuando decida enviar sus tropas y aviones contra los pueblos revolucionarios de Nicaragua o El Salvador. Al aumentar el número de bajas y derrotas norteamericanas, los capitalistas estadounidenses pronto se encontrarán combatiendo en el frente doméstico también. Los trabajadores norteamericanos no quieren otro Vietnam. Y están cada vez más iracundos con los ataques del gobierno y la patronal contra su nivel de vida, sus condiciones de trabajo, y sus derechos.

Además, las tropas norteamericanas no borrarán jamás el ejemplo de la revolución granadina. Junto con Cuba y Nicaragua, la revolución granadina de marzo de 1979 sigue siendo, como dijo Fidel Castro, uno de los tres gigantes del Caribe. Tampoco lograrán los imperialistas barrer con los aportes que brindaron Maurice Bishop y sus compañeros al proceso de forjar direcciones revolucionarias obreras en las Américas y por todo el mundo.

"El imperialismo se empeña en destruir símbolos", dijo Fidel Castro el 14 de noviembre, "porque conoce el valor de los símbolos, del ejemplo, de las ideas. Quiso destruirlos en Granada, quiere destruirlos en El Salvador, en Nicaragua, en Cuba.

"Pero los símbolos, los ejemplos, las ideas no pueden ser destruidos, y cuando sus enemigos creen haberlos destruido, lo que han hecho en realidad es multiplicarlos…

"Granada ha multiplicado ya la convicción patriótica y el espíritu combativo de los revolucionarios salvadoreños, de los nicaragüenses, de los cubanos…

"Esos hombres a quienes enterramos esta tarde lucharon por nosotros y por el mundo. Pueden parecer cadáveres, en cadáveres quiere convertir Reagan a todo nuestro pueblo… En cadáveres puede convertir a la humanidad entera…

"Sin embargo, ellos no son cadáveres: ¡son símbolos!…

"¡Su ejemplo se multiplicará, sus ideas se multiplicarán y ellos mismos se multiplicarán en nosotros! ¡No habrá poder, no habrá armas, no habrá fuerzas que puedan prevalecer jamás sobre el patriotismo, el internacionalismo, los sentimientos de fraternidad humana y la conciencia comunista que ellos representaron!"

Al publicar estos discursos y entrevistas de Maurice Bishop, buscamos multiplicar y difundir el ejemplo y las lecciones de la revolución granadina lo más ampliamente posible entre los obreros y oprimidos del mundo de habla inglesa.

La Habana, el primero de mayo de 1980: Daniel Ortega, Maurice Bishop y Fidel Castro.

Maurice Bishop habla al pueblo trabajador de Estados Unidos

5 DE JUNIO DE 1983

A continuación publicamos el discurso pronunciado en el recinto universitario de Hunter College en Nueva York ante una desbordante multitud de más de 2 500 personas, como parte de una gira que realizó Bishop por Estados Unidos. La traducción apareció originalmente en el número del 14 de noviembre de 1983 de Perspectiva Mundial.

MUCHAS GRACIAS, hermanas, hermanos, camaradas todos, por esta calurosa bienvenida.

Quisiera comenzar expresándoles un cálido y fraternal saludo del pueblo libre de Granada revolucionaria. Quisiera también expresar desde un comienzo lo mucho que me place estar de vuelta en Nueva York con ustedes, estar en este gran auditorio, donde hay tantos cientos de nuestra gente libre. Cuando regreso a mi país de seguro informaré de su calurosa acogida, su entusiasmo y su apoyo revolucionario para con nuestro proceso.

También quisiera registrar nuestro profundo agradecimiento a la gente en Hunter College responsable de que se nos prestara hoy el uso de este auditorio.

Estamos entre amigos. Y si vemos a nuestro alrededor,

hay aquí dos personas que en este momento representan a sus países en las Naciones Unidas, dos personas comprometidas en luchas de liberación, que luchan por la libertad de sus pueblos.

Es muy importante, hermanas y hermanos, que justo al comienzo saludemos la presencia del doctor Zehdi Terzi, representante en las Naciones Unidas de la Organización para la Liberación de Palestina, la OLP. [*El público corea: "¡OLP!, ¡OLP!, ¡OLP!"*]

El doctor Terzi puede estar seguro que siempre contará el pueblo de Palestina y su representante único la Organización para la Liberación de Palestina, con el pleno respaldo del hermano pueblo de Granada [*Aplausos*].

Y tenemos a otro movimiento de liberación cuyo representante está también presente entre nosotros. Y éste también ha recibido bastante mención en las noticias recientemente. Al contrario de lo que alguna gente ha estado pretendiendo —que esta particular organización de liberación precisamente no está dispuesta a llevar la lucha a su etapa más alta— en la ciudad capital del racista país apartheid de Sudáfrica, estalló una bomba [*Aplausos*].

Los racistas sudafricanos que han gastado tanto tiempo inventando todo tipo de ingeniosas maneras de oprimir al pueblo de Sudáfrica, a la mayoría negra, ahora descubren que en común con todos los movimientos de liberación nacional alrededor del mundo que se ven obligados a avanzar a la etapa más alta de la lucha, el Congreso Nacional Africano [ANC] también está dispuesto a tomar este paso.

Al saludar al vice representante permanente del ANC en las Naciones Unidas, pidámosle que lleve de vuelta a su pueblo, de vuelta a su organización, de vuelta a Oliver Tambo, a Nelson Mandela cuyo espíritu está aquí con nosotros, que lleve de vuelta el amor, el respeto, el interés, la admiración y los sentimientos fraternos de todos nosotros. El hermano David Ndaba. [*El público corea: "¡ANC!, ¡ANC!, ¡ANC!"*]

La última vez que tuve la oportunidad, hermanas y hermanos, camaradas, de estar en Nueva York, y dirigirme a nuestros compatriotas granadinos, a otra gente del Caribe y de América Latina, y claro está, la gente de Estados Unidos, fue hace cuatro años. Desde entonces ha transcurrido mucho en nuestro país. Ha transcurrido mucho en el mundo. Y una de las razones por las que hemos venido a Estados Unidos es para compartir nuestras experiencias de los últimos cuatro años con el pueblo de Estados Unidos.

Ansiábamos hacer esto porque ha habido una campaña de envergadura [contra Granada] en las últimas semanas y meses, que comenzó el año pasado en noviembre con algunas declaraciones del vicepresidente de Estados Unidos en Miami, seguidas por más declaraciones del secretario de estado, el secretario de defensa, el vice secretario de defensa, el almirante de la flota.

[Inclusive] el presidente mismo, como ustedes saben, el 10 de marzo en un discurso pronunciado ante empresarios de manufactura; el 23 de marzo en el famoso, o más bien infame, discurso de la Guerra de las Estrellas; y más recientemente ante la sesión conjunta del Congreso el 27 de abril. Y en todos estos discursos se hicieron diferentes acusaciones contra nuestro país.

Por lo tanto, camaradas, nos alegró en especial el tener la oportunidad ofrecida por una invitación de TransAfrica, la organización basada en Washington que ha estado cabildeando a favor de África y el Caribe. Nos invitaron a venir y hablar ante su sexta cena anual anoche, y fue éste un evento muy exitoso. Queremos de nuevo agradecer públicamente a TransAfrica por haber hecho posible esta visita.

El Caucus Negro del Congreso también estuvo involucrado como copatrocinador de esta visita, y también queremos registrar nuestro agradecimiento por esto. Y si alguien tiene todavía dudas de la creciente fuerza del voto negro, y de la creciente influencia de los afronorteamericanos en este país, quiero hacerles saber que fue precisamente debido a la presión ejercida por nuestros amigos en el Caucus Negro que nos fue finalmente otorgada la visa para esta visita [*Aplausos*].

Claro, nos planteamos otros objetivos para la visita. Estos incluyeron el muy importante objetivo de tratar de profundizar y fortalecer las relaciones pueblo a pueblo que siempre han existido entre nuestros dos países, Granada y Estados Unidos. A nivel de pueblo, jamás ha habido ningún problema. Siempre hemos tenido excelentes relaciones con el pueblo de Estados Unidos.

De hecho, durante algunos años, más norteamericanos vienen a nuestra país que toda la población de nuestro país. Y si miramos a nuestro alrededor y hacemos un detallado censo, puede ser que descubramos en Estados Unidos más granadinos que toda la población de Granada.

Y encima de esto, hay varios norteamericanos que residen de forma permanente en nuestra isla. Y hay una escuela de medicina en Granada donde más de 700 jóvenes norteamericanos se están ganando el derecho de ser médicos.

De manera que desde nuestro punto de vista, es claro que no tiene sentido tener malas relaciones. Desde nuestro punto de vista, la necesidad de asegurar que aún más norteamericanos visiten nuestro país cada año es una necesidad inmediata e importante. Y por lo tanto, la oportunidad de hablar directamente con el pueblo norteamericano es una oportunidad muy importante.

También nos hemos puesto el objetivo de tratar de establecer contacto con cuantos sectores y secciones de la sociedad norteamericana como nos sea posible en esta visita. Y con este fin, ha habido varias reuniones en esta última semana con congresistas y otras personas de influencia en la sociedad. También hemos intentado en este período hablar con tanta gente de los medios de comunicación como podamos. Ese objetivo lo hemos cumplido bastante bien.

Y otro objetivo que tuvimos fue utilizar este período para ahondar nuestras relaciones con algunos de nuestros amigos más cercanos en Estados Unidos, con nuestras hermanas y nuestros hermanos negros norteamericanos, con nuestros compatriotas granadinos, con aquellas fuerzas progresistas por todo Estados Unidos que sin escatimar esfuerzos nos han brindado tanto apoyo, con aquellos que dirigen y trabajan arduamente en las sociedades de amistad y en los comités de solidaridad. Ansiábamos mucho hablar con las hermanas y hermanos, para expresar nuestro agradecimiento por el duro trabajo que han hecho, y para darles una idea de lo que estamos haciendo ahora en Granada. En ese objetivo también nos ha ido bien.

Otro objetivo fue tratar una vez más de establecer alguna forma de contacto oficial, un diálogo oficial con el gobierno de Estados Unidos. Nosotros, claro está, no podemos decidir cuál gobierno estará en el poder en Estados Unidos en un momento dado. Esto es algo que le corresponde al pueblo de Estados Unidos. Nosotros creemos que es en extremo importante para nosotros mantener relaciones normales, de manera que podamos conducir un diálogo apropiado, en forma civilizada, con quienquiera que esté en el poder en un momento dado [*Aplausos*].

La cuestión de diferencias ideológicas, la cuestión de diferentes caminos de desarrollo socioeconómico y político, la cuestión de perspectivas geopolíticas y de consensos estratégicos y lo demás, en realidad no está ni aquí ni allá en último análisis. El hecho es que si no hay un mecanismo establecido para sostener un diálogo, entonces no hay una base sobre la cual las relaciones puedan mantenerse de una manera eficaz. Creemos que responde a los intereses de ambos pueblos, de Estados Unidos y de Granada, mantener relaciones normales entre nuestros dos gobiernos.

Creemos que es importante porque es demasiado lo que está en juego aquí. Demasiados compatriotas viven en este país. Y demasiados ciudadanos y estudiantes norteamericanos viven en nuestro país. Es necesario establecer algún tipo de mecanismo. Y es por eso que hemos estado luchando tan arduamente para tratar de reestablecer algunas de estas normas básicas.

Intercambiemos embajadores, hemos dicho. Ellos rechazaron eso. Así que no tenemos embajador acreditado en Washington porque ellos rehúsan aceptar las credenciales del embajador que hemos propuesto. Cuando ellos reemplazaron su embajador tras la victoria electoral del presidente Reagan en 1980 y enviaron un nuevo embajador en 1981, éste no fue acreditado para Granada. Así que para hablar tal vez se supone que utilicemos altoparlantes.

En 1981, en dos ocasiones le escribí al presidente Reagan; en marzo y otra vez en agosto. La primera carta, breve, indicó algo obvio y sencillo: mire, usted es el nuevo presidente. Teníamos la esperanza de que como nuevo presidente usted le echaría un nuevo vistazo a la situación, que usted ansiaría comenzar en lo posible en buenas relaciones con todos los países del mundo. Teníamos la esperanza, por lo tanto, de que usted querría normalizar las relaciones. Y en la carta indicamos que en el fondo de lo que estamos hablando es de establecer un diálogo; conversaciones. En consecuencia, comencemos esas conversaciones. No estamos proponiendo ninguna agenda con precondiciones. Examinemos todas las cuestiones. Coloquémoslas todas sobre la mesa. Veamos lo que usted percibe como problemas, y nosotros le diremos lo que nosotros percibimos como problemas. Veamos si en el curso de esas discusiones podemos definir las diferencias de manera que por lo menos el nuevo comienzo que hagamos esté basado en la comprensión mutua y con menos desconfianza y menos sospechas. No hubo respuesta a esa carta.

La segunda fue escrita en agosto de 1981. Y esta fue una carta bien larga, como de doce páginas escritas a máquina. Y la razón de que hubieran doce páginas no era que en esas doce páginas se hablara de una agenda. Eran doce paginas porque para esta época, el curso hostil y agresivo de desestabilización contra nuestro gobierno tomado por la administración de Ronald Reagan estaba ya bien establecido.

De manera que la carta bregaba con la cuestión de la propaganda desestabilizadora contra nosotros. Se refirió a la cuestión de la desestabilización económica contra nosotros. Pudimos hablar sobre la discriminación que se ejerce en contra de los cultivadores de plátanos de nuestro país. Pudimos hablar sobre el intento de ofrecer dinero al Banco de Desarrollo del Caribe bajo la sola condición de que fuera excluida Granada. Pudimos plantear varias de estas cuestiones, incluyendo el hecho de que en abril de 1981, cuando habíamos organizado una conferencia de co-financiadores para levantar fondos para nuestro proyecto de construcción del aeropuerto internacional, la administración norteamericana envió sus diplomáticos a las capitales europeas para tratar de persuadir a los países miembros de la EEC [Comunidad Económica Europea] de no asistir a esta conferencia.

Planteamos en esta carta la cuestión de la desestabilización militar, que ya había comenzado. Señalamos que un bien conocido mercenario declaró públicamente por la televisión de este país en abril de 1981, que estaba entrenando mercenarios en Miami para invadir nuestro país. Y nosotros preguntamos, ¿cómo puede usted permitir esto en su país? Existen leyes internacionales contra este tipo de cosas. Y enviar infantes de marina directamente al país de alguien no es menos pecado que permitir el aprovisionamiento y entrenamiento de mercenarios y el establecimiento de una base logística en su propio territorio.

Así que planteamos todos estos puntos. Una vez más dijimos que estábamos dispuestos a hablar a cualquier nivel considerado apropiado: hagamos un comienzo. De nuevo, no hubo respuesta.

La verdad es, hermanas y hermanos, que hemos tenido esta larga, larga historia de intentar ver de qué manera podríamos normalizar las relaciones, y hemos tenido muy poco éxito en este respecto. Pero esta noche quiero decir realmente que nosotros creemos en la importancia de continuar esta lucha, y que por lo tanto, a pesar de las dificultades que encontremos en el camino, consideramos aconsejable continuar presionando por la plena normalización de las relaciones.

Pero por supuesto, al mismo tiempo que buscamos la normalización, seguiremos construyendo nuestra revolución. También seguiremos consolidando nuestro proceso. Frente a todas las dificultades, frente a la desestabilización económica, las amenazas y presiones políticas, diplomáticas y militares, nos mantendremos firmes y seguiremos adelante.

Como ustedes saben, hermanas y hermanos, en estos tiempos para los países en desarrollo del Tercer Mundo es más y más difícil avanzar. Esto se debe a que, desafortunadamente, nuestras economías permanecen por lo general dependientes de, y atadas a las economías del mundo capitalista. Y por lo tanto, cuando el mundo capitalista atraviesa por sus crisis periódicas, una después de la otra, eso tiene un efecto inmediato sobre nosotros. Como decimos en casa, cuando el mundo capitalista se resfría, a nosotros nos da pulmonía.

Por ejemplo, en la OCDE [Organización de Cooperación y Desarrollo Económico: comprende los países capitalistas más desarrollados], se calcula que más de 35 millones de personas en esos 12 ó 13 países están sin trabajo; ¡treinta y cinco millones! Se calcula que en Estados Unidos hay, tal vez, doce millones de personas sin empleo; en Gran Bretaña, tal vez cuatro millones de personas sin empleo; en todos los países desarrollados industrializados hay cada vez un mayor y mayor desempleo. Y al enraizarse cada vez más hondamente este desempleo en la sociedad, los que más lo sufren son los pobres y los trabajadores.

Se corta masivamente el bienestar social. Pero no hay cortes en la carrera armamentista. Entiendo que se habla de gastar tres billones de dólares en cinco años. Esto nos deja estupefactos. Tres billones de dólares son tres millones de millones de dólares. Y si dividimos tres billones de dólares en cinco años, nos encontramos con que se gastan mil seiscientos millones de dólares norteamericanos cada día.

Las armas están tragándose todo el dinero; el pueblo no se beneficia. Es más, la crisis en el mundo capitalista ha causado una situación en la que más y más de sus países, especialmente en 1982, experimentaron solo un crecimiento negativo.

A su vez, el efecto que esto ha tenido sobre nosotros ha sido el de crear una crisis en los países en desarrollo. Se calcula ahora que nuestras deudas exceden los 650 mil millones de dólares; toda esta plata es lo que adeudamos colectivamente. Y no se trata solo de la cantidad de dinero que deben uno o dos casos bien conocidos como México o Argentina donde tienen que vérselas con increíbles deudas de más de 80 mil millones de dólares. Sino de más de 35 países en desarrollo que ahora deben alrededor o más de mil millones de dólares en un contexto en el cual todavía son incapaces de crear los excedentes necesarios para pagar esas deudas. El año pasado, los países del Tercer Mundo gastaron 131 mil millones de dólares para sus deudas, solo para pagar los intereses.

También el año pasado, el poder de compra de los países del Tercer Mundo cayó una vez más y cayó muy, pero muy, drásticamente. Se calcula que en los últimos dos años, los países en desarrollo del Tercer Mundo perdimos 85 millones de dólares en poder adquisitivo al perder créditos, por los precios reales de nuestros productos, ya que los precios siguen bajando, y por las altas tasas de interés.

Pero encima de esto, también descubrimos que se hace más y más difícil comerciar con los países industrializados de Occidente. Los países en desarrollo compartieron en 1955 el 40 por ciento de todo el comercio mundial. Pero para 1969, esa figura había bajado a 25 por ciento. En otras palabras, perdimos el 15 por ciento del mercado mundial.

Asimismo, el comercio es cada vez más difícil para nosotros debido a las altas barreras arancelarias.

La realidad es que también la ayuda extranjera ha disminuido en forma bastante dramática para los países del Tercer Mundo. Hace mucho, las Naciones Unidas establecieron la meta de que todos los países desarrollados industrializados deberían buscar dar como ayuda el 0.7 por ciento de su producto nacional bruto. Y hasta donde yo sé, de las últimas cifras que hemos visto, ni uno solo de los países industrializados ha logrado alcanzar esa meta. Colectivamente ahora dan solo el 0.45 por ciento del PNB como ayuda.

En los viejos tiempos, era posible suplementar algo de esto mediante inversiones directas. Hace alrededor de 40 años, el 43 por ciento de todas las inversiones norteamericanas iban a la América Latina. Pero ya a comienzo de los años setenta ese 43 por ciento había caído a la cifra de 17 por ciento.

Más y más, debido a la influencia de uno o dos países, y en particular de un país, se hace ahora virtualmente imposible conseguir préstamos del Fondo Monetario Internacional [FMI] o del Banco Mundial. De hecho, sabemos que existe una lista negra en la que figuran los nombres de países como Granada, Nicaragua, Angola, y Mozambique. Cuando uno de estos países solicita un préstamo al FMI, a pesar de lo técnicamente adecuado que sea su programa, las instrucciones son bloquear de cualquier forma posible estas fuentes de financiación.

Obligan a más y más países del Tercer Mundo a ir directamente al mercado internacional de capitales, a los grandes bancos comerciales, a obtener préstamos. Primero que todo, uno tiene que tener lo que ellos llaman una tasación del crédito, y para obtener esa tasación uno tiene que ir al mismo Banco Mundial y al FMI. No todo el mundo puede obtener una tasación del crédito. Pero si la otorgan, entonces uno tiene que bregar con plazos muy cortos para pagar y tasas de interés muy altas.

Y mientras pasa todo esto, hermanas y hermanos, hay tanta gente en el mundo que está sin empleo, tanta gente en el mundo que todas las noches se acuesta con hambre, tantos millones en el Tercer Mundo que son analfabetos y cuyos gobiernos o no les importa o creen que no pueden hacer nada por solucionar ese problema. El desempleo, el hambre, la desnutrición, las enfermedades, el analfabetismo, estos son los crímenes y los pecados que se cometen contra los países pobres en desarrollo del Tercer Mundo, mientras los países industrializados continúan la explotación de nuestros recursos y mantienen sus ganancias [*Aplausos*].

Fíjense en lo que le ocurre al sudor de un agricultor o trabajador que cultiva y cosecha plátanos en Granada. En Granada, la corporación transnacional con la que tratamos se llama Geest Industries. El señor Van Geest fue un tipo que vino originalmente de Holanda, fue a Inglaterra donde abrió una tienda de flores, y entonces descubrió que había más dinero en los barcos que en las flores. Eventualmente desarrolló un monopolio para el transporte de plátanos de muchos, muchos países del Caribe al mercado inglés. El resultado es que por cada dólar que se obtiene de la venta de plátanos, los agricultores y trabajadores deben compartir diez centavos, mientras que el resto, los 90 centavos, van a parar de alguna forma u otra a manos del señor Van Geest y los de su clase. Diez centavos por todo ese trabajo y sudor. Eso nos da el mejor ejemplo posible de lo que son las desigualdades y la injusticia del sistema.

Pero sin embargo, hermanas y hermanos, frente a todo esto la revolución en Granada sigue avanzando y sigue progresando. En un período en que hasta las naciones industrializadas más poderosas reportaban un crecimiento negativo el año pasado, nosotros avanzábamos con un crecimiento del 5.5 por ciento. Y habiendo surgido de una vieja historia de desarrollo negativo y de retroceso bajo [el ex dictador Eric] Gairy, cuando año tras año tuvimos un crecimiento negativo, en los últimos cuatro años de revolución hemos logrado acumular un crecimiento de más del 15 por ciento.

La revolución en Granada partió de una tasa de desempleo del 49 por ciento bajo Gairy; una de cada dos personas que querían trabajar no podía encontrar empleo. Y entre las mujeres, el desempleo era del 70 por ciento, siete de cada diez no podían obtener empleo. Por lo tanto, al amanecer de la revolución más de 22 mil personas que querían trabajar no encontraban empleo. Cuando hicimos un censo el año pasado, en abril de 1982, la tasa de desempleo había caído del 49 por ciento al 14.2 por ciento [*Aplausos*].

En los días del huracán Gairy —esos 29 años de devastación económica, política, social y espiritual de nuestro país y de nuestro pueblo— no hubo nada que pudiese llamarse un plan. No había tal cosa como un programa de inversión de capital, en parte porque Gairy era un místico y por lo tanto no tenía que planificar. Pero también en parte porque era tan corrupto que nadie estaba dispuesto en todo caso a poner siquiera diez centavos en sus manos a menos que pudieran enviar a diez policías a vigilar esos diez centavos. De manera que en esos días no tuvimos nada que pudiera llamarse un programa de inversiones públicas. Y cuando había algo, era sobre la base de presupuestos muy pequeños y lastimosos. En el último año de Gairy, 1978, el programa de inversiones de capital era de ocho millones de dólares. En el primer año de la revolución, esa cifra la duplicamos, a 16 millones de dólares. El segundo año de la revolución, de nuevo aumentó, esta vez más del doble, a 39.9 millones de dólares.

Los expertos decían que esto es imposible: ustedes no tienen los recursos, ustedes no tienen la administración, ustedes no tienen suficientes tractores, ustedes no tienen ni un camión, ustedes no tienen suficientes ingenieros, es imposible que ustedes puedan hacer esto. Ustedes no más tuvieron suerte en 1979, cuando duplicaron el de Gairy. De nuevo fue solo cuestión de suerte en 1980, cuando duplicaron su propio presupuesto, y cuando otra vez lo logramos en 1981 y lo duplicamos, ellos dijeron, sabemos que lo que pasa es que ustedes tienen suerte, pero algo anda mal.

Y el año pasado, en 1982, subió a más de cien millones de dólares, y entonces les dimos el secreto: les dijimos que en una revolución las cosas funcionan de una manera diferente a una situación normal [*Aplausos*]. Hemos sido capaces de lograr todo esto porque en Granada, consecuentes con nuestras tres columnas de la revolución —donde la primera columna es nuestro pueblo que siempre está en el centro y corazón y es el foco de nuestras actividades— somos capaces de movilizar y organizar al pueblo para eliminar el despilfarro, para eliminar la corrupción, para eliminar la ineficiencia, para planificar, para vigilar la producción, para verificar la productividad, para asegurarnos que las empresas estatales no sirvan solo para ser subsidiadas, sino que también las empresas estatales deben ser viables, deben producir ganancias, para que con ello el sector estatal tenga los excedentes y nos beneficie.

Nuestro pueblo se ha unido alegremente al proceso económico porque nuestro pueblo ha visto los beneficios que la revolución les ha traído. Ellos entienden que cuando 37 centavos de cada dólar son gastados en servicios de salud y educación, eso significa algo.

Miran a su alrededor y comprenden que año tras año la inflación se mantiene razonablemente controlada. El año pasado subió en un 7 por ciento, mientras los salarios aumentaron en un 10 por ciento, asegurando así un incremento general del 3 por ciento en el nivel de vida de nuestro pueblo.

Miran a su alrededor y reconocen que año tras año aumenta la producción. El año pasado en el sector estatal la producción aumentó en más de 34 por ciento. Y en el sector privado, la producción también aumentó. El año pasado, también, hubo un tremendo aumento en la exportación de productos no tradicionales. El incremento en la exportación de frutas y vegetales el año pasado fue del 314 por ciento, lo que significa un aumento bien grande para un período tan corto. También hubo incrementos en la producción de harina y ropa, y hubo una leve reducción en la producción de muebles.

Al mismo tiempo, hubo algunos incrementos en nuestros tradicionales cultivos de exportación, como nueces moscadas, cacao y plátanos. Aunque en el caso de las nueces moscadas, ha habido un gran problema que nuestro país ha debido encarar. Cuando uno produce algo como la nuez moscada, que sirve principalmente como condimento para añadir sabor a las comidas, y cuando hay una crisis o una recesión o como se le llame, entonces la gente deja de poner los condimentos en su comida y así se acumulan las nueces moscadas.

Pero nuestro pueblo en Granada no solo es capaz de ver estos logros en la economía en los términos generales como los he descrito, también pueden sentir lo que estos beneficios significan para ellos de una manera concreta y material.

Porque hoy el dinero que el pueblo de Granada debía gastar para, por ejemplo, el dentista o el doctor, ya no tienen que gastarlo porque ahora tienen servicios de salud gratis.

Ahora entienden que el número de médicos en el país se ha más que duplicado, y donde antes de la revolución había un médico para cada 4 000 hoy día hay un médico para cada 2 700 de nuestra población. Hemos avanzado de una situación antes de la revolución cuando había solo una clínica dental para todo el país, a una situación hoy día cuando hay siete clínicas dentales, inclusive una para nuestras islas de Carriacou y Petit Martinique.

Nuestro pueblo entiende el valor y los beneficios de la educación secundaria gratis. Porque ahora saben que una vez aprueben sus hijos un examen de entrada común para todos, y entren en las escuelas secundarias, no tendrán que preocuparse más por encontrar cómo pagar las matrículas, que por ejemplo eran a menudo inaccesibles para los trabajadores agrícolas.

Pero no es únicamente la educación secundaria, sino de hecho la educación universitaria gratis. Hemos avanzado de una situación antes de la revolución cuando en el último año de Gairy, solo tres personas fueron al exterior para educarse gracias a becas universitarias y una de ellas da la casualidad que era la hija de Gairy y otra la hija de un ministro. Hemos avanzado de esa situación a los primeros seis meses de la revolución, cuando 109 estudiantes viajaron al exterior gracias a becas universitarias gratis.

Nuestro pueblo entiende cada vez más lo que nosotros queremos decir cuando decimos que para nosotros la educación significa liberación, que la educación es un interés estratégico de este gobierno. Es por eso que este año lo hemos denominado "Año de la Educación Política y Académica". Entendemos la importancia de traer educación a nuestro pueblo, de elevar su nivel de conciencia, de promover clases de educación de los trabajadores en el sitio de trabajo, al mismo tiempo que les damos una educación académica, les damos entrenamiento técnico, y nos aseguramos que los que no sean capaces de leer y escribir ahora puedan hacerlo.

Tras el establecimiento del programa del Centro para la Educación Popular [CPE] a comienzos de 1980, en un año el analfabetismo en Granada se redujo al dos por ciento de toda la población. Y la UNESCO, la organización afiliada a las Naciones Unidas encargada de las cuestiones de educación, dice que si uno tiene una tasa de analfabetismo menor al cinco por ciento, entonces uno no tiene un problema de analfabetismo.

El hecho es que, mientras el analfabetismo ha sido eliminado, todavía persiste el serio problema del analfabetismo funcional, y por lo tanto, la segunda fase del programa del CPE ya ha comenzado. En esta fase dedicada a la educación para los adultos —que nuestro pueblo llama la escuela nocturna— durante dos noches por semana, por tres horas cada una, es decir, seis horas por semana, trabajadores agrícolas, agricultores de nuestro país, trabajadores de oficina, trabajadores de fábrica, jóvenes desempleados que habían abandonado sus escuelas, más y más de ellos asisten a uno de los 72 centros que funcionan alrededor del país llevando esta educación escolar nocturna a nuestro pueblo.

Realmente quisiera que las hermanas y hermanos entiendan lo difícil que es realizar esta tarea. Si pensamos en los hábitos normales de todos los días de un trabajador agrícola promedio durante las décadas de los cincuenta, sesenta y setenta, y a un grado importante hoy en día —si vamos a ser francos y honestos— comprendemos lo difícil que es administrar un programa de educación para adultos. El trabajador agrícola común y corriente sale a trabajar temprano en la mañana, regresa a casa en la tarde, trabaja un poco en su jardín, y a lo mejor se va después a la tienda de ron para jugar al dominó o sentarse a conversar con el amigo. Pedirle a este trabajador agrícola que salga dos noches a la semana para asistir a una escuela nocturna y que por tres horas se siente y preste atención a un curso formal de educación es en realidad pedirle mucho.

Durante la primera experiencia que tuvimos con la fase de alfabetización en 1980, recuerdo haber estado en varias reuniones de cuando en cuando con los movilizadores del CPE y los educadores del CPE, y una y otra vez estos camaradas dirían que el problema es que no pueden persuadir a las hermanas y hermanos a ser consecuentes. Algunas noches cuando se acercaban a una casa y llamaban a la puerta, y preguntaban, "¿dónde está su marido?" la mujer respondía, "aquí no". Y cuando uno mira bajo la cama, ahí ve al hombre escondiéndose.

En otras palabras, es una tarea muy difícil. Pero es una tarea que estamos tratando de cumplir.

¿Qué tipo de formación y tradición hemos tenido? Es una formación y tradición que por lo general ha adorado al materialismo. Es una formación y tradición por cuya causa, debido a los estragos del colonialismo, nuestro pueblo se considera a sí mismo solo como gente de paso. Nuestro pueblo siempre ha tenido una mentalidad de visa. Lo importante era lograr subirse a ese próximo bote o avión que salía al exterior.

Surgiendo de la experiencia colonial y alimentados a

diario con la basura que nos brindan los periódicos, la radio y la televisión, donde proclaman las virtudes del materialismo, donde proclaman la importancia de que cada persona posea un vídeo, y el radio último modelo que salió a la venta hace solo seis meses, sin hablar del más moderno champú. Ese tipo de cosa alimenta el consumismo, alimenta el economicismo, y ayuda a mantener retrasada a la sociedad. En nuestro país, muchos tienen como máxima aspiración la posesión de un automóvil. El hecho es que un automóvil significa que divisas deben salir del país porque nosotros no producimos automóviles, significa que más dinero debe ser gastado en gasolina, y estas cosas no son tan fáciles de explicar debido a la educación política que a diario brindan los medios de comunicación imperialistas.

Al pueblo de Vietnam le satisface que prácticamente todos los ciudadanos pueden viajar por todo Vietnam en bicicleta, y eso se debe en parte a que no han sido expuestos a valores corruptos y decadentes. Pero si nosotros le pedimos a nuestro pueblo que ande en bicicleta en vez de en automóvil, eso ya es un problema. Y en Granada es un problema doble, porque Granada es una gran montaña y las bicicletas realmente no pueden funcionar muy bien.

Pero lo que trato de explicar, hermanas y hermanos, es la naturaleza de la lucha que hemos librado, no solo para aumentar la producción y la productividad, sino además para inculcar nuevos valores en nuestro pueblo. Al luchar en dirección de forjar un nuevo hombre y una nueva mujer, de vivir una nueva vida en lo que sabemos será una nueva civilización, la vieja cultura, los viejos hábitos, los viejos prejuicios siempre están ahí luchando contra los retoños de lo nuevo. Es una lucha que debemos librar con decisión todos y cada uno de los días de nuestra existencia.

Pero es más fácil para nuestro pueblo hacer esos sacrificios. Es más fácil para ellos aceptar la importancia de hacer esas cosas que no tienen la costumbre de hacer, porque ahora saben que por primera vez obtendrán beneficios materiales de ello. Nuestro pueblo ahora entiende que lo que contribuyen lo recibirán de vuelta, ya sea en la forma de servicios médicos gratis, o educación gratis, o en el número de empleos creados.

Con el programa de distribución gratis de leche en nuestro país el año pasado, en una pequeña isla como Granada, 73 mil libras de leche fueron distribuidas gratis cada mes a más de 50 mil personas, casi la mitad de la población.

Asimismo, el año pasado, bajo el programa de reparación de viviendas en nuestro país, más de 17 240 individuos se beneficiaron. Bajo este programa, los trabajadores más pobres de nuestro país tienen derecho a un préstamo para reparar sus viviendas, arreglar los techos, arreglar los pisos y garantizar que cuando llueva no se moje el niño mientras trata de estudiar. Después de recibir los materiales, el trabajador tiene seis años para pagar el préstamo al ritmo de cinco dólares mensuales descontables de su salario.

Si hubiera ido al banco y llamara a la puerta, digamos, del señor Barclays, lo primero que el señor Barclays le preguntaría sería "¿Y dónde está su garantía subsidiaria?" Y si acaso lograra entender esa gran frase, el trabajador desenvainaría su machete y diría, "Vea, no hay garantía subsidiaria." Pero aun si entendiera la palabra esa y fuera capaz de encontrar de algún modo u otro una garantía subsidiaria, se toparía con otro obstáculo más. Porque entonces descubriría que ese préstamo solo sería para un año. Un préstamo de mil dólares a un interés del 12.5 por ciento durante 12 meses significaría un pago mensual de más de 88 dólares. Eso significa que prácticamente ningún trabajador agrícola podría darse el lujo de tomarlo.

Y es por eso que hoy día los trabajadores agrícolas entienden de qué se trata la revolución porque han sentido el peso de la revolución.

El pueblo entiende que la revolución intenta resolver sus problemas en todas las áreas de sus necesidades básicas. En este mismo momento, dos y medio millones de galones adicionales de agua, agua conducida por cañerías, fluye hacia los hogares de nuestros granadinos. Antes de la revolución, en muchos hogares y en muchas partes del país las cañerías terminaron oxidándose porque hacía años que no pasaba agua por ellas. Las cañerías simplemente estaban ahí y se corroyeron. El pueblo entiende el significado de que se traiga electricidad a su aldea. El pueblo entiende el significado de saber que para mediados del año entrante habremos duplicado la producción y capacidad eléctrica en nuestro país, y por lo tanto más gente podrá usar este servicio.

Treinta por ciento de los trabajadores de más bajo salario en nuestro país ya no tienen que pagar ningún impuesto al ingreso. Estos trabajadores se llevan a sus hogares todo su dinero. A los jubilados de edad se les aumentó la pensión en un 10 por ciento el año pasado y este año aumentará de nuevo en un 12.5 por ciento. Nuestro pueblo sabe que el año pasado se gastaron solo en el aeropuerto internacional unos 43 millones de dólares, y otros 40 millones de dólares se gastarán en ese proyecto este año.

El pueblo sabe que el año pasado fueron construidos más de 49 millas de caminos ramales —caminos ramales que conectan a los campesinos con las carreteras principales— así que ahora sus productos pueden ser transportados con seguridad. Saben que además de estas 49 millas nuevas de caminos ramales, se construyeron 15 millas de caminos campesinos y 14 millas de caminos principales, para un total de unas 78 nuevas millas de caminos en nuestro país solo el año pasado.

Nuestro pueblo, por lo tanto, tiene una mayor y más profunda comprensión de lo que significa la revolución y lo que ésta les ha traído. Ciertamente entienden muy, pero muy claramente que cuando alguna gente nos ataca en el área de los derechos humanos, cuando alguna gente nos ataca dizque porque constituimos una amenaza a la seguridad nacional de otros países, nuestro pueblo entiende que estas son tonterías. Saben que la verdadera razón es el hecho de que hay una revolución, y que esta revolución beneficia al pueblo de nuestro país. La verdadera razón para toda esta hostilidad reside en que algunos perciben que lo que ocurre en Granada puede sentar las bases para una nueva vía socioeconómica y política de desarrollo.

Los que nos atacan dan todo tipo de razones y excusas, algunas de ellas creíbles, otras pura basura. Vimos recientemente una interesante, en un informe secreto al Departamento de Estado. Quisiera hablarles de ésta para que reflexionen. Este informe secreto dijo lo siguiente: que la revolución en Granada es en un sentido peor —estoy utilizando el lenguaje de ellos— que la cubana y la nicaragüense porque el pueblo de Granada y los líderes de Granada hablan inglés, y por lo tanto pueden comunicarse directamente con el pueblo de Estados Unidos [*Aplausos*].

Por sus aplausos, hermanas y hermanos, veo que están de acuerdo con el informe. Pero quiero decirles lo que el mismo informe dice que nos hace muy peligrosos. Y es que el pueblo de Granada y los líderes de Granada son predominantemente negros [*Aplausos*]. Ellos dijeron que el 95 por ciento de nuestra población es negra —y sí tienen la estadística correcta— y si tenemos el 95 por ciento de origen predominantemente africano en nuestro país, entonces podemos atraer peligrosamente a los 30 millones de negros en Estados Unidos [*Aplausos*]. Ahora, este aspecto del informe, claramente, es uno de los más sensatos.

Pero hermanas y hermanos, ¿cómo evaluamos las otras partes del informe? Como por ejemplo cuando dicen que Granada viola los derechos humanos. Cuando nos dicen, ¿por qué tienen detenidos, qué pasa con la prensa, qué hay con las elecciones? Cuando nos dicen, ¿dónde están sus elecciones?, no dan media vuelta y le dicen al mismo tiempo a sus amigos en Sudáfrica que dónde están las elecciones de ellos [*Aplausos*].

Cuando nos dicen que debemos realizar elecciones, y que si no tenemos elecciones no podemos esperar que nos apoyen, y que a menos que tengamos elecciones no nos darán un trato normal, nosotros les respondemos: Salvador Allende de Chile [*Aplausos*].

Salvador Allende de Chile fue elegido en septiembre de 1970 por el pueblo de Chile. Allende no asumió el poder gracias a una revolución. Pasadas 24 horas de su elección, ya estaban reunidos Richard Nixon, [Henry] Kissinger y [Richard] Helms para elaborar su plan "Operación Hacer que la Economía Grite". Y ya en los primeros tres meses después de ser elegido, antes de ser inaugurado como presidente, trataron de asesinar a Allende en una ocasión. Ni siquiera pudieron esperar a que lo inauguraran formalmente.

Allende no formó milicias. Allende no se apoderó de tierras o propiedades. Allende no tuvo detenidos políticos. Allende no aplastó a la prensa. El no cerró el parlamento. El no suspendió la constitución. El se cuidó de seguir todas las normas dispuestas por ellos. Y aún así lo mataron.

Esta gente entiende perfectamente bien que una revolución significa una nueva situación. Una revolución implica una fractura. Implica un rompimiento con el pasado. Implica una perturbación de carácter temporal. Revolución significa que los abusos y excesos de la minoría violenta, reaccionaria y perturbadora deben ser aplastados para que los intereses de la mayoría puedan prevalecer [*Aplausos*].

Una revolución que no implique un rompimiento no puede ser llamada revolución. Eso sería imposible. Cuando los británicos tuvieron su revolución en los años 1650, les tomó 200 años hasta convocar sus primeras elecciones. Cuando los norteamericanos tuvieron su revolución en 1776, les tomó trece años convocar sus primeras elecciones.

En la primera semana de la revolución norteamericana cien mil personas huyeron a Canadá. Miles fueron detenidos sin acusación formal ni juicio. Cientos fueron ejecutados. Y los contrarrevolucionarios después de la revolución norteamericana no gozaron del derecho al voto. No tuvieron el derecho de ser maestros. No tuvieron el derecho de predicar. No tuvieron el derecho a un empleo. Sus tierras fueron confiscadas sin compensación.

Así que cuando los falsificadores de la historia pretenden que la revolución norteamericana fue no más que una tertulia en Boston, pues fue una muy sangrienta tertulia.

El hecho, hermanas y hermanos, es que —si vamos a ser honestos— cuando viene una revolución, las mismas preguntas enfrentan a los líderes de la revolución. Una pregunta es: qué hacer con los asesinos sanguinarios, los criminales, los que apoyaron la dictadura. Los que causaron las desapariciones de nuestra gente. Los que golpeaban al pueblo, los que asesinaban al pueblo.

Las revoluciones responden a estas preguntas de diferentes maneras. Algunas personas los sacan a las calles, los ponen en fila y los fusilan. Esa es una respuesta. Algunos otros pretenden que se fueron al monte, y cuando estaban de guerrilleros en el monte, igual los mataron. Algunos otros crean tribunales especiales para tratar con esa gente. No pretendo juzgar ninguno de estos tres modelos.

La revolución granadina no gustó de ninguno de estos tres modelos. Así que tomamos el camino más humanitario. Los detuvimos y los tratamos bien.

Y saben, es altamente significativo que de las 400 a 500 personas detenidas por nuestras masas el día de la revolución, el 13 de marzo, ni uno solo de estos elementos de la Mongoose Gang llegó a la cárcel con siquiera un rasguño. Y la única razón de que esto haya ocurrido así es porque nuestro pueblo entiende nuestra posición basada en el principio de que una revolución no toma venganza, no victimiza, no tortura, no maltrata a nadie, sin importar lo que hayan hecho. Es por el hecho de que nuestro pueblo entendió esto, que algo que a menudo ocurre en una revolución —la sublevación espontánea de las masas— no ocurrió realmente en Granada.

Una organización religiosa en Washington llamada EPICA escribió un libro el año pasado sobre Granada. Lo titularon: *Granada: la revolución pacífica.* Podemos entender por qué.

Así que cuando vienen estos elementos y hacen esas declaraciones entendemos demasiado bien de dónde es que vienen. Por que ellos entienden que nuestros procesos y procedimientos de crítica son constantes. Ellos entienden que en Granada a nadie se le molesta por lo que diga. A nadie se le molesta por lo que escriba. De hecho, hoy día la crítica es más profunda que nunca en la sociedad y de una manera constructiva.

Nuestro pueblo también entiende que la primera ley de la revolución es que la revolución debe sobrevivir, debe consolidarse para beneficiar más al pueblo.

Y por este hecho, la revolución ha promulgado como ley que a nadie, no importa quién sea, le será permitido involucrarse en cualquier actividad que tenga que ver con el derrocamiento del gobierno por medio de la violencia armada. Y cualquiera que se mueva en esa dirección será aplastado sin piedad [*Aplausos*].

Pero también sentimos, hermanas y hermanos, que ya es tiempo de avanzar otro paso más hacia la institucionalización del proceso que hemos estado construyendo estos cuatro años. Y es por eso que justamente ayer llegó de Trinidad y Tobago a nuestra ciudad capital, St. George's, el nuevo presidente de la comisión constitucional, para anunciar la formación de la comisión constitucional que se ha impuesto la tarea de elaborar una nueva constitución para nuestra joven revolución.

Esta constitución no se va a parecer a la que nos dio la reina en 1974. Esa constitución, como bien recordamos, fue una de las principales razones que motivaron las luchas de 1973 y 1974, cuando tantos de nosotros fuimos golpeados y encarcelados. Cuando nuestras familias y compatriotas estaban siendo asesinados, una de las principales razones para la lucha era que nuestro pueblo quería participar en el proceso de elaborar la nueva constitución. Y Gairy no nos permitió tener ese derecho. Y la reina de Inglaterra pudo haberse quedado en su palacio de Buckingham, puesto la constitución en un sobre, con una estampilla, y pudo haberla enviado por correo a Gairy. Así fue la totalidad de la participación de Granada en esa constitución.

Esta vez, la constitución surgirá de las entrañas de nuestro pueblo y de nuestra tierra. Nuestro pueblo podrá participar y decidir qué es lo que deberá incluir esa constitución. Esta vez, la constitución no se limitará a cobijar algunos derechos vacíos de contenido real; cobijará derechos y proveerá los medios de hacer que se respeten esos derechos.

El Capítulo 1 de nuestra actual constitución contiene doce libertades, libertades fundamentales. Pero cuando te violan esos derechos y vas al tribunal a ver qué se puede hacer al respecto, en primer lugar solo puedes acudir con base en una moción constitucional. En segundo lugar, eso significa que solo puedes acudir a una alta corte de justicia, y no a un juzgado correccional, lo que por supuesto implica dinero. Y en tercer lugar, una vez que llegas finalmente a la alta corte, y aun si el juez manifiesta estar de acuerdo contigo y ganas el caso, pues lo más que puede darte el juez es lo que llaman una orden declaratoria, que declara tus derechos.

Entonces llevas tu orden declaratoria al gobierno, y descubres que existe otro principio legal: no puedes imponerte sobre la corona [el estado]. En otras palabras, tienes una decisión de papel en tus manos con la que no puedes hacer nada.

Nosotros vamos a querer poner derechos en la constitución, derechos que podrán hacerse respetar de una manera que el pueblo pueda encargarse de ello, y derechos que, una vez hayan sido determinados los medios, serán de hecho aceptados por nuestro gobierno. Será una constitución con dientes de verdad.

Nuestra nueva constitución también va seguramente a institucionalizar y reforzar los sistemas de democracia popular que hemos estado edificando en estos últimos cuatro años en nuestro país. Además de las acostumbradas elecciones nacionales, que por supuesto estarán ahí también, garantizaremos que estos órganos embrionarios de democracia popular seguirán teniendo un lugar.

Porque para nosotros, la democracia es mucho, mucho más que unas simples elecciones. Para nosotros, la democracia es mucho más que simplemente el derecho de escribir una "X" al lado de Fulano o Mengano cada cinco años.

El segundo principio de democracia para nosotros reside en las responsabilidades. Así que los funcionarios electos deben en todo momento garantizar que el mandato que están llevando a cabo, si es que es un mandato, corresponda a lo que quiere el pueblo. Y parte de esa responsabilidad implica que el derecho de retirar de sus puestos a los funcionarios electos debe estar firmemente establecido.

En Granada no creemos en los presidentes vitalicios o en los funcionarios electos de por vida. Nosotros creemos en el servicio vitalicio. Y cuando uno deja de servir, debe ser retirado y dejar el camino libre para que otro sirva.

El tercer principio de democracia es la participación popular, los mecanismos de participación. Nosotros aceptamos la conocida máxima de Abraham Lincoln. Lincoln dijo de la democracia que es el gobierno de, para y por el pueblo. Yo acepto esto, es una buena definición. Pero si es un gobierno de, para y por el pueblo, entonces no puede ser solamente un gobierno de la gente que elegimos. También tiene que ser *para* el pueblo y tiene que ser *por* el pueblo. Deben tener una manera de participar, eso es lo que significa la palabra "por". Y si ese factor no existe, pues no se tiene una verdadera democracia.

De manera que lo que estamos diciendo es que necesitamos los mecanismos que garanticen que el pueblo tenga una manera de dar expresión a sus propios sentimientos e inquietudes.

En algunos de los países industrializados más desarrollados, con cientos de años para construir una democracia, han sido desarrolladas varias cosas que posiblemente sean útiles. Algunos poseen una prensa genuinamente libre y responsable. Algunos permiten verdaderamente a todos los sectores expresar sus puntos de vista. Algunos tienen cabildos donde prácticamente todo interés en la sociedad puede encontrar una manera de hacer que lo que les preocupa sea planteado en el congreso o parlamento. Algunos, claro, tienen una población sumamente culta y una opinión pública muy desarrollada, un pueblo que hasta cierto grado está en capacidad de interpretar las cosas por sí mismo.

Una forma u otra de democracia puede que sea, como también puede que no, la correcta en una situación determinada. La democracia parlamentaria estilo Westminster, digamos, puede que sea aceptable para el pueblo de Inglaterra. No estoy en condiciones de juzgarlo.

Pero sí sé que para el pueblo de Granada, en esta etapa de nuestra historia, la democracia parlamentaria de Westminster es en realidad la hipocresía parlamentaria de Westminster [*Aplausos*].

Nosotros creemos que es muy importante que el pueblo tenga voz en la administración de sus asuntos. Una forma es mediante la creación de las organizaciones de masas de nuestro pueblo: la Organización Nacional de Mujeres, la Organización Nacional de Jóvenes, la unión de agricultores, y, por supuesto, los sindicatos obreros.

Antes de la revolución, Gairy adoptó en 1978 una ley, la Ley de Servicios Esenciales, que les quitó a los trabajadores de nuestro país el derecho a la huelga. Nosotros no solo revocamos esa ley, sino que en lugar de ella adoptamos una nueva, la Ley de Reconocimiento de los Sindicatos, bajo la cual en cualquier sitio de trabajo y en cualquier momento que el 51 por ciento de los trabajadores indiquen que quieren formar un sindicato o afiliarse a uno, ese sindicato tiene que ser reconocido por el patrón.

Las mujeres de nuestro país no solo estaban sin empleos antes de la revolución, además representaban el sector más hostigado y vejado de la población. De las pocas que lograban obtener empleos de vez en cuando, muchas lo obtenían solo gracias a un favor sexual. Nuestras mujeres estaban siendo sexualmente explotadas a cambio de empleos.

El primer decreto de la revolución fue ilegalizar el hostigamiento sexual y la explotación de nuestras mujeres a cambio de empleos [*Aplausos*].

Y tras esto, hermanas y hermanos, la revolución aprobó una ley que cobija a todos los trabajadores del sector público, que establece para todas las mujeres el principio de igual salario por igual trabajo. También aprobamos otra ley más recientemente, una ley de licencia por maternidad. Y gracias a esta ley de maternidad toda mujer embarazada debe recibir vacaciones de tres meses por maternidad, que incluyen dos meses plenamente pagados y uno con sueldo parcial, y una garantía de que regresará a su antiguo empleo.

Es por estas leyes y por este nuevo ambiente en el país que tantas mujeres han comenzado a dar un paso adelante, a hacer valer sus derechos, han comenzado a salir y buscar nuevos empleos, han comenzado a involucrarse plenamente en la producción. Y es por eso que muchas de ellas han ingresado a su organización de masas, para que hoy, en este momento, una de cada tres mujeres mayores de 16 años esté afiliada a la Organización Nacional de Mujeres.

Y en esta organización, las mujeres pueden entrenarse en los manejos de la democracia, entrenarse en el autogobierno, entrenarse en la adquisición de nueva confianza en sí mismas. Una vez cada dos meses realizan reuniones de la parroquia [departamento]. Se dividen en grupos por todo el país donde, entre otras cosas, llevan a cabo educación política y proveen oportunidades de entrenamiento.

Una vez cada dos años, durante su congreso, todas las mujeres tienen la oportunidad de elegir delegadas. Durante los seis meses previos al congreso, tienen la oportunidad de discutir el nuevo programa para los siguientes dos años. Y entonces, el día del congreso, eligen toda una nueva dirección por voto secreto.

Así, en el seno de nuestras organizaciones de masas el principio de elegibilidad ya está plenamente establecido. Y para el pueblo en general, se han establecido órganos de democracia popular —concejos zonales, concejos parroquiales, concejos obrero-parroquiales, concejos de agricultores— donde la gente se reúne de mes a mes. Usualmente el programa incluirá un informe sobre los programas que se están realizando en la aldea.

En seguida habrá otro informe, por lo general a cargo de algún alto funcionario de la burocracia. Podrá ser el administrador de la Comisión Central de Agua. O el administrador de la compañía de teléfonos o de la compañía de electricidad. O de pronto el inspector en jefe de sanidad, o el inspector de control de precios. Y este alto burócrata tiene que ir a esta reunión y dar un informe a la gente de su zona de trabajo, y luego someterse a una sesión de preguntas y respuestas. Y después de eso, uno de los altos dirigentes de nuestro país, uno de nosotros asistirá también a esas reuniones, y nosotros daremos otro informe, y por lo general habrá también después de este informe una sesión de preguntas y respuestas.

De esta manera, nuestro pueblo participa y ayuda a administrar los asuntos de su país día a día y semana a semana. Y esto no es solo una cuestión abstracta. Ha traído beneficios concretos, prácticos, a nuestro pueblo.

Recuerdo un concejo obrero de parroquia en agosto de 1981. Los trabajadores estaban armando un verdadero escándalo esa noche. Se quejaban de los chóferes de buses [privados]. Decían que el problema con el servicio de buses era que todos los seis o siete buses pasaban por la misma ruta al mismo tiempo. Esto, a propósito, es cierto, porque ellos andan a alta velocidad para tratar de recoger a todos los pasajeros que puedan. Y estos chóferes de bus han sido la gente más difícil para organizar. Uno puede sentarse y hablar con ellos hasta más no poder sobre la necesidad de que hayan rutas y horarios fijos. De manera que la gente se quejaba esa noche y decían que a menudo esto había resultado en que llegaban tarde al trabajo.

Y había una segunda queja. Decían también que como los niños de escuela pagan la mitad de la tarifa, los chóferes se negaban a recoger a los niños, y éstos tenían entonces que caminar a la escuela bajo lluvia o sol. Pues insistieron y exigieron que consigamos algunos buses para iniciar un servicio de transporte público.

Ahora, eso fue en agosto de 1981. Ya hacía ocho meses que comenzó el año fiscal. El presupuesto ya había sido fijado. Pero debido a la presión y a las demandas nos vimos obligados a encontrar como sea el dinero y comprar 26 nuevos buses para comenzar un servicio de transporte público para el pueblo [*Aplausos*].

Así que este concepto de democracia y nuestra manera de enfocar los derechos humanos es uno que enfatiza el resolver este tipo de problemas y la participación de nuestro pueblo en ello día tras día y semana tras semana.

[Los que critican la revolución granadina] plantean al mismo tiempo una y otra vez la cuestión de nuestras relaciones con Cuba, que no es sino otro ardid para distraer la atención de lo que realmente es importante. De tanto en tanto, cuando se les agota el cuento de los detenidos, de la prensa y de las elecciones, los escuchamos hablar del satélite soviético-cubano.

Los escuchamos decir que los vínculos con Cuba son tales que resultan peligrosos para la seguridad de la región.

¿Qué decimos nosotros sobre este asunto? Decimos en primer lugar que sí, que tenemos relaciones cálidas y fraternales con el gobierno y el pueblo de Cuba. Eso sí es cierto [*Aplausos*].

Decimos en segundo lugar que para nosotros éstas se basan en un principio fundamental. Y que existen por lo menos tres muy buenas razones por las que siempre tendremos buenas relaciones con el gobierno y el pueblo de Cuba.

La primera razón: vemos en Cuba a una nación miembra de nuestra familia caribeña de naciones. Una de las maldiciones más grandes del colonialismo fue el dividir la región de acuerdo a las diferentes metrópolis coloniales. Nos enseñaron diferentes idiomas. Y después le dieron gran importancia al hecho de que tú hablas holandés, tú hablas español, tú hablas francés, tú hablas inglés, y más recientemente, que tú hablas en norteamericano.

Y con base en estas tonterías lingüísticas, nos enseñaron a odiarnos el uno al otro. Cuando éramos niños en el colegio, nos hacían creer que el sol se acostaba solo en Inglaterra. Acostumbraban a hacernos ir al Parque de la Reina para el cumpleaños de la reina [de Inglaterra] donde debíamos estar de pie bajo el ardiente sol todo el día. Y al terminar el día, cuando estábamos bien acalorados, sudorosos y cansados, nos daban un panecillo. Recuerdo también la Brigada de Ambulancia de St. John's apostada en una esquina en caso de que alguien se desmayara; te recogían rápidamente.

La primera vez que me di cuenta lo arraigada que estaba toda esa tontería y el grado en que nos tenían mal educados y trataban de hacer de nosotros unos inglesitos negros, fue cuando llegué a Inglaterra a estudiar leyes en 1963. Una de mis primeras y más grandes experiencias —una experiencia chocante, traumática— fue cuando estuve en algún lugar un día y empezaron a tocar el himno nacional [inglés]. Y el pobrecito de yo, el negrito, me puse rápidamente de pie. Y cuando miré a mi alrededor me di cuenta que era el único de pie. Los ingleses seguían ahí sentados como si nada.

Ustedes saben, como el viejo [cantante de calipso Mighty] Sparrow. Sparrow es un granadino tan grande, tan locuaz. Sparrow lo señala en una de sus mejores canciones, que la manera como nos están educando, en realidad nos educan para ser unos tontos.

Nos dicen que si hablas holandés, eres el mejor. Y si en inglés, eres el mejor; que el francés es el mejor, que el español es el mejor, que el norteamericano es el mejor. Y así todos nos odiamos los unos a los otros.

Cuando la verdad es que somos un solo pueblo de un solo Caribe con una sola lucha y un solo destino [*Aplausos*].

Vemos por lo tanto que históricamente es uno de nuestros deberes y responsabilidades derribar esas barreras artificiales del colonialismo y desarrollar esa unicidad y esa unidad que casi perdimos.

Creemos que es una necesidad de vital importancia tener relaciones estrechas con todos nuestros vecinos. Es por eso que he realizado visitas oficiales de estado a México, Venezuela, Panamá, Cuba, Nicaragua y Ecuador. El motivo de estas visitas ha sido el esfuerzo consciente de este gobierno nuevo por erigir esos puentes y asegurar que desaparezca toda esta enajenación del pasado.

La segunda razón consiste en que nosotros somos un país no alineado. Creemos en el no alineamiento. Y para nosotros, no alineamiento significa que tenemos el derecho de escoger nuestros amigos. El no alineamiento para nosotros significa que tenemos el derecho y el deber de diversificar y extender nuestras relaciones y nuestras amistades alrededor del mundo. El no alineamiento para nosotros no es algo que implique neutralidad. El no alineamiento no es para convertirlo a uno en un eunuco político que no pueda hablar.

El no alineamiento sirve para hacer que uno hable con voz fuerte y clara por lo que uno crea. Y nosotros tenemos principios en los que creemos [*Aplausos*].

Existe también una tercera razón por la cual siempre tendremos relaciones —cálidas, fraternales, estrechas— con el pueblo y el gobierno de Cuba. Y ésta es nuestra admiración y nuestro respeto por el internacionalismo y los logros del pueblo cubano [*Aplausos*]. Quiéranlo ellos o no, Cuba fue la primera revolución exitosa en este hemisferio. Y de no ser por la revolución cubana, no habría una revolución granadina o una revolución nicaragüense [*Aplausos*].

Quiéranlo ellos o no, Cuba fue el primer país en este hemisferio que le asestó una buena derrota al imperialismo norteamericano en la Bahía de Cochinos [*Aplausos*].

Quiéranlo o no, los combatientes internacionalistas cubanos han sido en el mundo los primeros en la lucha contra el racista monstruo sudafricano y lo enfrentan armas en la mano defendiendo a Angola. [*El público corea: "¡Viva Cuba! ¡Viva Cuba! ¡Viva Cuba!"*]

Si no hubiera tropas internacionalistas cubanas en Angola, ¿cuánto hace ya que el monstruo del apartheid sudafricano no habría ocupado a Angola con la ayuda de varias potencias occidentales? Cuba es un gran factor estabilizador en esa ecuación angolana. Y es por eso que cuando se les ocurre a ellos lo de la vinculación, y dicen que para que Namibia obtenga su independencia las tropas cubanas deberán irse, nosotros en el Tercer Mundo entendemos eso, y nos damos cuenta del engaño, y plenamente respaldamos a los soldados cubanos y al pueblo angolano para que permanezcan ellos en Angola.

Ellos pueden escoger su dictador sudafricano y haitiano y chileno y sudcoreano y cualquier amigo dictador que quieran. Eso como que está bien. Pero nosotros pequeñitos y pobrecitos no tenemos el derecho de escoger nuestros amigos. Les gusta hablar mucho de su patio trasero y patio delantero y de su lago. Pero Granada no es el patio trasero de nadie y no está en el lago de nadie [*Aplausos*].

Entre más desesperado se ponga el imperialismo, más sale con las medidas más vulgares y hostiles para tratar de mantener bajo su dominio a los pueblos pobres y oprimidos del mundo que intentan conquistar su liberación nacional y construir su propio futuro. Fíjense en Nicaragua. Nicaragua, un país que ha sufrido invasión tras invasión a través de los años —dos, tres veces en este siglo— por parte de Estados Unidos. Nicaragua, un país que ha sufrido bajo la bota de los Somozas durante 45 años. Nicaragua, un país que, como Estados Unidos hace 200 años, finalmente se valió del supremo derecho de derrocar a los opresores y asesinos y de tomar así en sus manos su propio destino. Y cuando el pueblo de Nicaragua, cuando los hijos e hijas de Sandino lograron su liberación, cuando vencieron en julio de 1979, ¿cuál crimen fue el que han cometido desde entonces?

Su crimen fue ser lo suficientemente valientes y recios como para afirmar que sus recursos les pertenecen, para decir que quieren construir su país a su manera, para decir que quieren escoger ellos mismos sus propios amigos, para decir que van a construir su país a imagen y semejanza de ellos mismos y no a imagen y semejanza de otros.

Y por eso, tenemos hoy día esta situación en que los actos más vulgares y desvergonzados del pasado año son superados solo por lo que ocurre en El Salvador, o lo que ocurrió a mediados del año pasado en Líbano cuando fueron masacrados los palestinos. Los actos más vulgares, desvergonzados de actividad abierta de la CIA en su país.

La acción abiertamente vulgar y desvergonzada de reconocer que no solo recurrirán a las acciones encubiertas, sino que, de ser necesario, apoyarán públicamente la acción abierta contra los nicaragüenses. Lo desvergonzado de ello solo puede ser superado por la manera como sectores de los medios noticiosos han decidido reaccionar a esto. Pretender que los nicaragüenses pierden el respaldo del pueblo; pretender que esos asesinos, esos elementos ex somocistas, son un tipo de luchadores por la libertad; pretender eso de esos carniceros que tiran bombas como si nada sobre mujeres y niños que encuentran, pero corren cuando ven a los soldados sandinistas; pretender que esta gentuza merece la oportunidad de gobernar al pueblo de Nicaragua —realmente es extraordinaria la falta de vergüenza—.

Quizás lo único bueno que ha surgido de este reciente episodio, hermanas y hermanos, es el hecho de que por primera vez en mucho tiempo, los pueblos de América Latina han tratado de encontrar una solución propia a sus problemas. Este ha sido el significado histórico de la reunión de Venezuela, Colombia, México y Panamá en Contadora, donde lanzaron la iniciativa de Contadora. Porque esta iniciativa de Contadora es realmente en extremo importante para nosotros.

Dice, primero que todo, que los pueblos de América Latina y el Caribe tratarán de resolver ellos mismos sus problemas [*Aplausos*].

Dice en segundo lugar que no aceptamos el recurso de la violencia como medio de solucionar nuestras disputas.

Dice en tercer lugar que siempre debemos sentarnos y entablar negociaciones y discusiones antes de recurrir a otras medidas.

Y dice en cuarto lugar que no estamos preparados para aceptar que cualquier país de nuestra región, y mucho menos un país fuera de nuestra región, tenga el derecho de intervenir en los asuntos internos de otro país.

Y aunque esta iniciativa de Contadora rápidamente comienza a significar muchas cosas para muchas personas —escuchamos a todo el mundo decir que sí, que apoyan lo de Contadora, lo que quiere decir que mucha gente pretende usar lo de Contadora para objetivos diferentes de los originales— no obstante, representa un primer paso histórico.

Pero es que esta gente ha acusado a Granada de todavía otra cosa más. Quiero hablar de esto, pero sé que ustedes querrán irse a casa ya y se está haciendo tarde. [*El público responde: "¡No! ¡No!"*]

Bueno, esta otra acusación tiene que ver con nuestro proyecto de construir un aeropuerto internacional. Esta, claro, es la más cómica de todas.

Según los que han formulado esta famosa teoría, el aeropuerto internacional de Granada será una base militar, y será una plataforma de lanzamiento estratégica desde donde podremos lanzar un ataque contra el gran, fuerte y poderoso Estados Unidos. De repente parece que nos convertimos en una superpotencia [*Risas*].

Pero la realidad del aeropuerto, claro, es bien conocida por aquellos que formulan esas acusaciones. Este aeropuerto representa un antiguo sueño del pueblo de nuestro país [*Aplausos*]. Este aeropuerto internacional ha sido objeto de un cuarto de siglo de estudios. Hay más de seis informes y estudios voluminosos sobre este aeropuerto. Todos los gobiernos previos, desde 1955, han hablado de la necesidad del aeropuerto.

Y si comprenden ustedes la situación de nuestro país, no les sorprendería en absoluto. El aeropuerto que ahora tenemos se llama Pearls. Pearls tiene una pista con una longitud de 5 500 pies. Eso significa que solo aviones turbohélice pueden aterrizar. Los aviones turbohélice que llegan solo tienen cupo para 48 pasajeros. Más aún, estos aviones solo pueden aterrizar durante el día de 6:00 a 6:00 porque no hay luces para vuelos nocturnos. Y no podemos instalar esas luces porque la pista está convenientemente situada entre la montaña y el mar. Y a menos que derribemos toda la isla, no se puede edificar un aeropuerto internacional en Pearls.

Tuvimos que hacer una pista de 9 mil pies de largo porque todos los manuales impresos por compañías europeas y norteamericanas —me vienen a la mente los nombres de la McDonnell Douglas, que fabrica el DC-8, la Boeing, etcétera—, tienen manuales que indican la extensión de pista necesaria para que sus aviones puedan aterrizar. Así que a menos que hayamos nacido grandes y estúpidos, no se puede esperar que construyamos una pista que no la puedan utilizar aviones jet normales, de esos que transportan gente.

Esta famosa base militar [*Risa*] —mejor lo digo de otra manera—. Les voy a contar un chistecito sobre esto. Después de las declaraciones de Reagan, un equipo de telerreporteros —de la [cadena] ABC precisamente— vino al país. Querían hacer una entrevista y se trajeron todo un archivo con todas las preguntas que querían hacer. Pero la pregunta más importante se centró alrededor del hecho de que estábamos construyendo una base militar o por lo menos una pista militar sofisticada. Pues entonces les dijimos, okey, vayamos al aeropuerto y tomen algunas fotografías.

Entonces esta gente fue y tomó las fotografías. Descubrieron que el aeropuerto se había convertido en la atracción turística número uno del país. Todos los turistas de la isla también querían echarle un vistazo. Descubrieron que en un extremo de esta pista, que también es el extremo de la península, por lo menos dos docenas de granadinos van todas las noches a pescar. Descubrieron que justo al comienzo de la pista —a una distancia, digamos, de este podio hasta la primera fila de ese balcón, unas pulgadas más allá— hay una escuela de medicina donde estudian y viven 700 estudiantes norteamericanos. Y descubrieron que estos estudiantes de medicina, estudiantes norteamericanos, corren de un lado al otro de la pista, haciendo *jogging*, todos los días y todas las noches [*Risas*].

La ABC también descubrió que de hecho estábamos

construyendo un terminal aéreo. Y es que en la foto que presentó el presidente Reagan, la que tomó el avión espía, hay una gran nube que tapa el terminal. Claro, fue un accidente. Pero cuando esta gente fue allá no hubo ese accidente y lograron descubrir el edificio.

Así que se fueron de vuelta y lo pasaron en [el programa noticioso] "Nightline" y la gente de Estados Unidos pudo ver que aquí había un genuino aeropuerto internacional, con todo y terminal aéreo. Pero entonces dos días después, la ABC regresa. Es el mismo equipo de gente. Y yo les pregunto, ¿qué problema tienen ahora muchachos?

Y ellos dicen que está bien. Que están de acuerdo con que no es una base aérea sofisticada, y que no van a decir eso otra vez. Que lo sienten. Pero que ahora han descubierto que tenemos instalaciones sofisticadas de comunicaciones.

Y nosotros les decimos, pues bien, no sabemos nada de ellas. No sabemos dónde están localizadas. Pero siéntanse en libertad de andar por todo el país. Y si las encuentran, nosotros también quisiéramos verlas [*Risas*].

Así que gastaron otro día o dos viajando por aquí y por allá y no las encontraron. Enviaron de vuelta la película, después de hacer más preguntas y quedar satisfechos de que esto también era una tontería.

Parece increíble, pero al día siguiente estaban otra vez de vuelta. Es decir, tres veces en seis días vinieron. Esta vez, dijeron, tenemos otra pregunta para usted. No hay una base militar sofisticada. No hay instalaciones sofisticadas de comunicación. Pero entendemos que tienen *barracas* sofisticadas [*Risas*].

Y claro, descubrieron que estas barracas sofisticadas de que hablaban no eran más que las viviendas temporales que fueron construidas en el sitio donde se construye el aeropuerto para que los trabajadores que lo construyen tengan dónde vivir.

También descubrieron entonces que en el mismo lugar hay trabajadores de una compañía británica llamada Plessey, y trabajadores de una compañía finlandesa llamada Metex, que están allá ahora mismo instalando el equipo de comunicaciones, las ayudas navegacionales, las cuestiones electrónicas, etcétera: todo lo necesario para que un aeropuerto pueda funcionar como tal. Y viven y trabajan todos juntos.

También descubrieron que el año pasado una compañía norteamericana, la Layne Dredging de Miami, estuvo durante nueve meses en Granada ayudando a construir esta famosa base militar [*Risas*]. Esta compañía hacía el dragado de una sección del mar donde debía pasar la pista de aterrizaje. Esta sección se llama Hardy Bay. Y por lo tanto, durante estos nueve meses, ellos también trabajaban y vivían junto a los trabajadores granadinos y cubanos, mientras se construía el aeropuerto.

Y yo les dije a estos muchachos: miren, como ustedes saben, Granada vive en parte del turismo. Así que realmente no nos molestaría del todo verlos aquí de nuevo. A mí no me molestaría si los envían a ustedes de vuelta mañana. Pero si regresan mañana, por favor traigan con ustedes a más gente de la ABC [*Risas y aclamaciones*]. Y en segundo lugar, si les dicen que tenemos no sé qué otra cosa sofisticada, por lo menos asegúrense que sea algo mejor que pantalones sofisticados, o medias o hasta zapatos sofisticados. Así de ridículo se había vuelto todo el asunto.

Para nosotros, este proyecto del aeropuerto internacional es nuestra puerta de entrada hacia el futuro. Para nosotros, es lo único que podrá dotarnos del potencial para un fuerte desarrollo económico. Para nosotros, es lo que nos ayudará a desarrollar más el turismo. Podrá ayudarnos a desarrollar más nuestra industria agrícola. Podrá ayudarnos a exportar mejor nuestras frutas y vegetales frescos.

Todo granadiense que ha regresado a casa y cualquiera de los que están aquí entre el público que ha viajado a Granada sabe que viajar ahora a Granada es una verdadera pesadilla. Viajar a Granada es prácticamente una muestra de amor y devoción. Hay que ser mártir para querer hacer ese viaje. La cantidad de problemas es como para enfermarlo a uno. Y lo que hará este aeropuerto es eliminar todos esos problemas e inconveniencias y permitirá a nuestra gente viajar en vuelo directo a nuestro propio aeropuerto [*Aplausos, aclamaciones*].

Es por eso que este año hemos hecho una excepción. Acostumbramos todos los años a finales de diciembre anunciar cómo será denominado el año siguiente: el Año de la Educación, o de la Producción, o lo que sea. Pero el mes pasado, adelantándonos seis meses, anunciamos a nuestro pueblo el nombre que llevará el año que viene. Para que así comiencen a movilizarse, y que se movilicen incluso en ultramar alrededor de este nombre, porque el año de 1984 será llamado el Año del Aeropuerto Internacional [*Aplausos y aclamaciones*].

Y a decir verdad, el año entrante también es importante para nosotros porque el 13 de marzo de 1984 será el quinto aniversario de la revolución. Y como ustedes bien saben, la gente siempre hace gran escándalo cuando es el primer aniversario, y el quinto aniversario, y el décimo aniversario, y así por el estilo, de manera que nosotros tendremos aún mayores razones para hacer mucho escándalo el año entrante. Y por lo tanto, lo que queremos hacer durante el quinto festival el mismo 13 de marzo es inaugurar nuestro aeropuerto internacional en esa fecha [*Aclamaciones*].

Y quiero decirles, hermanas y hermanos aquí presentes, y en particular a nuestros compatriotas granadinos, que alrededor del mundo se está acumulando un tremendo entusiasmo y una tremenda animación porque todos quieren estar en ese primer vuelo que aterrice en Granada.

Cuando estuve en Londres el mes pasado, hablando ante un mitin muy parecido a éste, los granadinos entre el público insistían todos que organizarán un vuelo inaugural, pero a condición que el de ellos sea el primero en aterrizar. Así que lo que decidimos, porque claro, no todos los vuelos pueden ser el primero, es contentarnos con vuelos inaugurales por zonas o ciudades. Londres tendrá su vuelo inaugural, Liverpool tendrá su vuelo inaugural, sin duda Nueva York también tendrá su propio vuelo inaugural [*Aplausos*], Washington tendrá su propio vuelo inaugural. Pero lo más importante, hermanas y hermanos, es asegurarse de estar en ese vuelo inaugural porque, como ustedes bien se darán cuenta, aterrizarán en el aeropuerto que más publicidad jamás haya recibido en el mundo entero [*Aplausos*].

Me parece que los que nos han brindado tanta publicidad gratis se merecen un fuerte aplauso de parte nuestra [*Risas*]. Saben, algunos hasta han sugerido que le demos al aeropuerto el nombre de Aeropuerto Internacional Ronnie Reagan [*Risas y gritos de "¡No!"*]. Claro, no están hablando en serio. Pero saben, en casa hemos iniciado un concurso para buscarle nombre al aeropuerto. Y nos gustaría que nuestra gente en ultramar también participe en este concurso.

Hermanas y hermanos, creo que realmente ya es tiempo de cerrar; sí, lo es. [*Gritos de "¡No!"*]

¡Que viva el pueblo de Granada libre! Que vivan los trabajadores, agricultores, jóvenes y mujeres de Granada libre! [*Aclamaciones.*]

¡Que viva el pueblo de Estados Unidos! [*Aclamaciones.*]

¡Que vivan las relaciones y la amistad entre Granada y Estados Unidos! [*Aclamaciones.*]

¡Que vivan los pueblos de Cuba y Nicaragua! [*Aclamaciones.*]

¡Que vivan los pueblos de Angola y Mozambique! [*Aclamaciones.*]

¡Que viva el pueblo de Palestina! [*Aclamaciones.*]

¡Que viva el pueblo de Sudáfrica! [*Aclamaciones.*]

¡Que viva el pueblo de El Salvador! [*Aclamaciones.*]

¡Siempre adelante! [*¡Nunca atrás!*]

¡Siempre adelante! [*¡Nunca atrás!*]

¡Siempre adelante! [*¡Nunca atrás!*]

¡Un amor, un corazón! [*El público se pone de pie en una prolongada ovación acompañada de enérgicas aclamaciones.*]

Fidel Castro habla sobre los acontecimientos de Granada

14 DE NOVIEMBRE DE 1983

A continuación publicamos el discurso en el acto de despedida de duelo a los constructores y otros trabajadores cubanos caídos en desigual combate contra tropas élites de Estados Unidos durante su invasión de Granada. El acto —realizado en la Plaza de la Revolución José Martí en La Habana— fue uno de los más concurridos en la historia de Cuba, con más de un millón de personas. El texto es del departamento de versiones taquigráficas del Consejo de Estado de Cuba. Apareció en Granma *el 15 de noviembre de 1983 y en* Perspectiva Mundial *el 12 de diciembre de 1983.*

Compatriotas:

Hace algo más de siete años, el 15 de octubre de 1976, nos reunimos en este mismo sitio para despedir el duelo de 57 cubanos vilmente asesinados en el sabotaje aéreo de Barbados, llevado a cabo por hombres que habían sido entrenados por la Agencia Central de Inteligencia de Estados Unidos. Hoy venimos de nuevo para despedir a 24 cubanos que en Granada, otra isla no lejos de Barbados, murieron como consecuencia de las acciones militares de Estados Unidos.

Granada era uno de los estados independientes más pequeños del mundo, tanto en territorio como en población. Si Cuba, a pesar de ser un país pequeño y subdesarrollado, podía ayudar mucho a Granada, era precisamente porque nuestros esfuerzos, cuantitativamente modestos pero cualitativamente elevados, significaban mucho para un país de apenas 400 kilómetros cuadrados de territorio y algo más de 100 mil habitantes.

Así, por ejemplo, el valor de nuestro aporte a Granada en proyectos, trabajos de construcción y materiales para el nuevo aeropuerto, a precios internacionales, ascendía a 60 millones de dólares, es decir, más de 500 dólares por habitante. Es como si Cuba, con su población de casi diez millones, recibiera como donación una obra de cinco mil millones de dólares. Aparte de esto, estaba la colaboración de nuestros médicos, maestros y técnicos de diversas especialidades, a la que se añadía una contribución anual de productos cubanos, por valor aproximado de tres millones de dólares. Esto significaba un aporte anual adicional de 40 dólares por habitante. Es imposible para Cuba ayudar en esa magnitud material a países que tienen una población y un territorio significativamente grandes, pero sí podíamos ayudar mucho a un país como la pequeña Granada. Muchas otras naciones pequeñas del Caribe se admiraban por la generosa ayuda de Cuba a ese pueblo hermano.

Acostumbrados al grosero interés económico y estratégico del colonialismo y el imperialismo, tal vez les resultaba extraordinaria esta acción desinteresada de Cuba. Incluso es posible que a algunos, en medio de la sucia propaganda del gobierno de Estados Unidos, no les fuera fácil comprenderla.

La amistad de nuestro pueblo con Bishop y Granada era

entrañable, y nuestro respeto al país y su soberanía tan intachable, que jamás nos aventuramos a emitir siquiera opiniones sobre lo que allí se hacía y cómo se hacía. Aplicábamos a Granada el mismo principio que practicamos con todos los países y movimientos revolucionarios: respeto absoluto por su política, sus criterios y sus decisiones, emitir puntos de vista sobre cualquier tema únicamente si se nos solicita. El imperialismo es incapaz de comprender que el secreto de nuestras excelentes relaciones con los países y movimientos revolucionarios del mundo se basa precisamente en ese respeto.

El gobierno de Estados Unidos despreciaba a Granada y odiaba a Bishop. Quería destruir el proceso y el ejemplo de Granada. Había incluso preparado planes militares para invadir la isla, como denunció Bishop hace casi dos años, pero no encontraba pretextos.

A decir verdad, la situación económica y social de Granada marchaba satisfactoriamente. El pueblo había recibido numerosos beneficios a pesar de la política hostil de Estados Unidos, y el producto bruto de su economía crecía a buen ritmo en medio de la crisis mundial. Bishop no era un extremista, aunque sí un verdadero revolucionario, consciente y honesto. Lejos de estar nosotros en desacuerdo con su política inteligente y realista, la veíamos con plenas simpatías, porque se adapta rigurosamente a las condiciones concretas y las posibilidades de su país. Granada se había convertido en un verdadero símbolo de independencia y de progreso en el Caribe.

Nadie habría sido capaz de imaginarse la tragedia que se avecinaba. Toda la atención se concentraba en otras partes del mundo. Fueron desgraciadamente los mismos revolucionarios granadinos quienes desataron los acontecimientos que abrieron las puertas a la agresión imperialista.

De las propias filas revolucionarias surgieron hienas. Nadie puede asegurar hoy todavía si quienes clavaron el puñal del divisionismo y el enfrentamiento interno, lo hicieron de motu propio o inspirados y alentados por el imperialismo. Es algo que, o lo hizo la CIA, o de lo contrario no habría podido hacerlo más perfecto. Lo cierto es que se usaron argumentos presuntamente revolucionarios, invocando los principios más puros del marxismo-leninismo e imputando a Bishop la práctica del culto a la personalidad y de apartarse de las normas y métodos leninistas de conducción. Nada más absurdo a nuestro juicio que atribuir a Bishop tales tendencias. Era imposible imaginar a nadie más noble, modesto y desinteresado. Su culpa no fue jamás el autoritarismo, y si algo se le quisiera imputar como un defecto, fue su exceso de tolerancia y de confianza.

¿Eran acaso los que conspiraron contra él en el seno del partido, del ejército y de la seguridad de Granada, un grupo de extremistas intoxicados de teoricismo político? ¿Se trataba simplemente de un grupo de ambiciosos, oportunistas, o incluso agentes enemigos que quisieron hundir la revolución granadina? Solo la historia podrá decir la última palabra. Pero no sería la primera vez que en un proceso revolucionario haya ocurrido una cosa o la otra.

Según nuestro criterio, objetivamente el grupo de Coard hundió la revolución y abrió las puertas a la agresión imperialista. Sean cuales fuesen sus intenciones, el atroz asesinato de Bishop y sus compañeros más fieles y allegados constituye un hecho que jamás podrá justificarse ni en esa ni en ninguna otra revolución. Como expresó la declaración del partido y el gobierno de Cuba el 20 de octubre, “Ningún crimen puede ser cometido en nombre de la revolución y la libertad".

Bishop, a pesar de sus vínculos estrechos y familiares con la dirección de nuestro partido, jamás dijo una sola palabra sobre las disensiones internas que se desarrollaban. Por el contrario, en su última conversación con nosotros, se expresó en términos autocríticos sobre su trabajo en relación con la atención que debía brindar a las fuerzas armadas y a las organizaciones de masas. Prácticamente toda la dirección de nuestro partido y nuestro estado compartió con él largas, fraternales y amistosas horas en la noche del 7 de octubre, antes de su partida de regreso a Granada.

El grupo de Coard nunca tuvo con nosotros tales relaciones, ni tal intimidad, ni tal confianza. Es más, ni siquiera sabíamos que ese grupo existía. Lo que puede señalarse en honor de nuestra revolución es que no obstante la profunda indignación que produjo entre nosotros la destitución y el arresto de Bishop, nos abstuvimos en absoluto de inmiscuirnos en los asuntos internos, a pesar de que nuestros constructores y demás colaboradores en Granada, que no vacilaron en enfrentarse a los soldados yanquis, con las armas que el propio Bishop les había entregado para su defensa en caso de agresión exterior, podían haber sido un factor decisivo en los acontecimientos internos. Pero jamás se supuso y jamás habríamos aceptado que esas armas se utilizasen en conflictos internos de Granada, y nunca habríamos estado dispuestos a derramar con ellas una sola gota de sangre granadina.

El 12 de octubre Bishop es destituido por el Comité Central, en el que los conspiradores habían alcanzado una mayoría. El 13 es arrestado en su domicilio. El 19 el pueblo se subleva y liberta a Bishop. Ese mismo día, el grupo de Coard ordena al ejército disparar contra el pueblo y son asesinados Bishop, Whiteman, Jacqueline Creft y otros valiosos dirigentes revolucionarios.

Los imperialistas yanquis, apenas se manifestaron las disensiones internas que salieron a la luz el 12 de octubre, decidieron la invasión.

Es conocido públicamente el mensaje enviado por la dirección del partido cubano al grupo de Coard el 15 de octubre, en el que expresábamos nuestra profunda preocupación por las consecuencias tanto internas como externas de la división surgida, y nuestra apelación al sentido común, la serenidad, la sabiduría y generosidad de los revolucionarios. Esta referencia a la generosidad era una apelación a que no se usase la violencia contra Bishop y sus seguidores.

Este grupo de Coard que tomó el poder en Granada, se manifestó desde el primer instante con grandes reservas hacia Cuba, por nuestra conocida e incuestionable amistad con Bishop.

La prensa nacional e internacional ha publicado nuestra enérgica condena a los hechos del 19 de octubre, día en que Bishop fue asesinado. La verdad es que nuestras relaciones con el fugaz gobierno de Austin, donde el verdadero jefe era Coard, fueron frías y tensas, de modo tal que en el momento de la criminal agresión yanqui no existió la más mínima coordinación entre el ejército granadino y los constructores y colaboradores cubanos. Se han publicado los puntos esenciales de los mensajes enviados a nuestra embajada en Granada entre el 12 y el 25 de octubre, día en que se produce la invasión. Esos documentos quedarán para la historia como prueba irrecusable de nuestra limpia posición de principios con relación a Granada.

El imperialismo, por otra parte, presentaba los acontecimientos como el advenimiento al poder de un grupo de comunistas de línea dura, fieles aliados de Cuba. ¿Eran realmente comunistas? ¿Eran realmente de línea dura? ¿Podían ser realmente fieles aliados de Cuba? ¿O eran más bien instrumentos inconscientes o conscientes del imperialismo yanqui?

Búsquese en la historia del movimiento revolucionario, y se verá más de una vez la conexión entre el imperialismo y quienes asumen posiciones aparentemente extremistas de izquierda. Pol Pot y Ieng Sary, genocidas de Kampuchea, ¿no son hoy los más fieles aliados del imperialismo yanqui en el sudeste de Asia? Nosotros, en Cuba, desde que surgió la crisis en Granada, al grupo de Coard, por llamarlo de algún modo, lo llamábamos el "grupo polpotiano".

Nuestras relaciones con los nuevos dirigentes de Granada debían ser sometidas a un profundo análisis, como se anunció en la declaración del partido y el gobierno de Cuba el 20 de octubre. Expresábamos en ella también que, por una elemental consideración al pueblo de Granada, no nos precipitaríamos en "dar ningún paso relacionado con la colaboración técnica y económica que pueda afectar servicios esenciales e intereses económicos vitales para el pueblo de Granada". No podíamos resignarnos a la idea de dejar sin médicos a los granadinos, ni dejar sin terminar el aeropuerto, que era vital para la economía del país. Con toda seguridad, a la terminación de esa obra nuestros constructores se retirarían de Granada, y las armas entregadas por Bishop serían devueltas al gobierno. Era posible, incluso, que nuestras pésimas relaciones con el nuevo gobierno determinaran la necesidad de marcharnos mucho antes.

Lo que colocó a Cuba en una situación moralmente compleja y difícil, fue el anuncio de que fuerzas navales yanquis avanzaban hacia Granada. En esas condiciones, nosotros bajo ningún concepto podíamos abandonar el país. Si el imperialismo tenía realmente intenciones de atacar a Granada, nuestro deber era permanecer allí. Retirarse en ese momento era un deshonor y podía incluso estimular la agresión, ahora en ese país y mañana en Cuba. Los acontecimientos se sucedieron, además, con tan increíble rapidez, que si se hubiese considerado la evacuación, no habría habido tiempo de realizarla.

Pero en Granada el gobierno era moralmente indefendible, y el país, donde se había producido un divorcio del partido, el gobierno y el ejército con el pueblo, era también militarmente indefendible, porque una guerra revolucionaria solo es posible y justificable en unión con el pueblo. Por tanto, solo podíamos combatir si éramos directamente atacados. No había otra alternativa.

No obstante, debe señalarse, que a pesar de esas circunstancias adversas, un número de soldados granadinos murió combatiendo heroicamente contra los invasores [*Aplausos*].

Los hechos internos ocurridos, sin embargo, no justificaban bajo ningún concepto la intervención yanqui. ¿Desde cuándo el gobierno de Estados Unidos ha sido erigido en juez de los conflictos entre revolucionarios de un país? ¿Qué derecho tenía Reagan a rasgarse las vestiduras ante la muerte de Bishop, a quien tanto odiaba y combatió? ¿Qué razones podían existir para su brutal violación de la soberanía de Granada, un pequeño país independiente, miembro respetado y reconocido por la comunidad internacional? Es como si otro país se considerase con el derecho a intervenir en Estados Unidos por el repugnante asesinato de Martin Luther King y tantos otros terribles abusos que se han cometido contra las minorías negras e hispanas en Estados Unidos, o intervenir porque John Kennedy fue asesinado.

Lo mismo puede decirse sobre el argumento de que mil norteamericanos estaban en peligro. Muchas veces más norteamericanos hay en decenas de países del mundo. ¿Significa esto acaso el derecho a intervenir cuando surjan conflictos internos en esos países? Hay en Estados Unidos, Inglaterra y Trinidad decenas de miles de granadinos. ¿Podría la pequeña Granada intervenir si surgieran problemas de política interior que implicaran algún riesgo para sus compatriotas en cada uno de esos países? Dejando a un lado la falacia y la mentira de tales pretextos utilizados para invadir Granada, ¿es realmente esto una norma internacional que pueda sostenerse?

Mil lecciones de marxismo no podrían enseñarnos mejor la entraña sucia, pérfida y agresiva del imperialismo, que la agresión desatada contra Granada al amanecer del 25 de octubre y su conducta ulterior.

Para justificar la invasión de Granada y sus actos posteriores, el gobierno de Estados Unidos y sus voceros dijeron 19 mentiras, y de ellas las 13 primeras que se enumeran fueron afirmadas personalmente por Reagan:

1. Cuba tuvo responsabilidad en el golpe de estado y la muerte de Bishop [*Exclamaciones de: "Mentira"*].

2. Los estudiantes norteamericanos corrían el peligro de ser tomados como rehenes [*Exclamaciones de: "Mentira"*].

3. El objetivo principal de la invasión fue proteger la vida de los ciudadanos norteamericanos [*Exclamaciones de: "Mentira"*].

4. La invasión fue una operación multinacional a solicitud del señor Scoon y de los países del Caribe Oriental [*Exclamaciones de: "Mentira"*].

5. Cuba pensaba invadir y ocupar Granada [*Exclamaciones de: "Mentira"*].

6. Granada se estaba convirtiendo en una importante base militar soviético-cubana [*Exclamaciones de: "Mentira"*].

7. El aeropuerto en construcción no era civil sino militar [*Exclamaciones de: "Mentira"*].

8. Las armas en Granada servirían para exportar la subversión y el terrorismo [*Exclamaciones de: "Mentira"*].

9. Los cubanos tiraron primero [*Exclamaciones de: "Mentira"*].

10. Había más de mil cubanos en Granada [*Exclamaciones de: "Mentira"*].

11. La mayoría de los cubanos no eran constructores sino soldados profesionales [*Exclamaciones de: "Mentira"*].

12. Las fuerzas invasoras se cuidaron de no destruir ni causar bajas civiles [*Exclamaciones de: "Mentira"*].

13. Las tropas norteamericanas estarán una semana en Granada [*Exclamaciones de: "Mentira"*].

14. Se estaban construyendo silos para cohetes en Granada [*Exclamaciones de: "Mentira"*].

15. El barco "Vietnam Heroico" transportaba armas especiales [*Exclamaciones de: "Mentira"*].

16. Cuba fue advertida de la invasión [*Exclamaciones de: "Mentira"*].

17. Quinientos cubanos combaten en las montañas de Granada [*Exclamaciones de: "Mentira"*].

18. Cuba ha dado instrucciones de realizar represalias contra ciudadanos norteamericanos [*Exclamaciones de: "Mentira"*].

19. La prensa fue excluida para proteger la seguridad de los periodistas [*Exclamaciones de: "Mentira"*].

[*Aplausos y exclamaciones de: "Mentirosos", "Fidel, seguro, a los yanquis dales duro", "Fidel, aprieta, que a Cuba se respeta".*]

Ninguna de estas afirmaciones pudo ser probada, ninguna era cierta y todas absolutamente han sido desmentidas por los hechos. Esta forma cínica de acudir a la mentira para justificar la invasión de un pequeño país, recuerda los métodos de Adolfo Hitler en los años en que se gestó y desató, al fin, la Segunda Guerra Mundial.

Los propios estudiantes y funcionarios norteamericanos de la escuela de medicina que radica allí han reconocido que recibieron garantías absolutas para los ciudadanos de Estados Unidos y las facilidades necesarias para salir del país a los que desearan hacerlo. Cuba, por otro lado, había informado al gobierno de Estados Unidos el 22 de octubre que ningún ciudadano extranjero, incluidos los cubanos, había sido molestado, y ofrecía su cooperación para resolver cualquier dificultad que surgiese de forma que los problemas se solucionaran sin violencia ni intervenciones en el país.

Ninguno de los ciudadanos norteamericanos habían sufrido la menor molestia al producirse la invasión, y si algo los puso en peligro fue la propia guerra desatada por Estados Unidos. Las instrucciones dadas por Cuba al personal cubano de no interferir ninguna acción para evacuar ciudadanos norteamericanos por el área de la pista en construcción cercana a la universidad, contribuyeron a evitar riesgos a los civiles norteamericanos residentes en el país.

La referencia que hizo Reagan al peligro de que ocurriera en Granada lo de Irán, para apelar a la sensibilidad norteamericana humillada por aquel episodio, es un argumento demagógico, politiquero y deshonesto.

La afirmación de que el nuevo aeropuerto tenía carácter militar, vieja mentira sobre la que había hecho mucho hincapié la administración Reagan, fue desmentida categóricamente por la propia empresa capitalista inglesa que suministraba y montaba los equipos eléctricos y técnicos de esa instalación aérea. Los técnicos ingleses de la compañía Plessey, conocida en la esfera internacional por su especialidad en este campo, trabajaban conjuntamente con los constructores cubanos, cuyo carácter de trabajadores civiles atestiguan. En el aeropuerto cooperaban, de una forma u otra, diversos países de la comunidad europea miembros de la alianza atlántica. ¿Puede alguien imaginarse que cooperasen con Cuba en Granada para construir un aeropuerto militar?

Por otro lado, la idea de que Granada se estuviese convirtiendo en una base soviético-cubana, es desmentida por el hecho probado de que en la isla no había ni un solo asesor militar soviético.

En los propios documentos supuestamente secretos que cayeron en poder de Estados Unidos y que fueron publicados por el gobierno yanqui días después de la invasión, se señala el acuerdo entre los gobiernos de Cuba y Granada, en virtud del cual nuestro país enviaría 27 asesores militares que podían aumentarse más tarde hasta 40, cifras que coinciden con las publicadas por Cuba sobre el número de asesores, que ascendían a 22 el día de la agresión, a los que se añadía una cantidad similar de traductores y personal de servicios de la misión. En ninguna parte de esos cacareados documentos aparece nada que tenga que ver con la idea de bases militares en Granada, y lo que sí consta en los mismos es que las armas suministradas por la Unión Soviética al gobierno de Granada para el ejército y las milicias estaban sujetas a una cláusula que prohibía la exportación a terceros países, desmintiendo la idea de que Granada estaba convertida en un arsenal para suministrar organizaciones subversivas y terroristas, como gusta llamar la actual administración de Estados Unidos a todos los movimientos de liberación nacional y revolucionarios.

De Granada no salió nunca un arma para otros países y esto, por tanto, Reagan jamás podrá probarlo.

La afirmación de que Cuba estaba próxima a invadir y a ocupar Granada es tan irreal, absurda, loca y ajena a nuestros principios y nuestra política internacional, que no merece ninguna consideración seria. Lo que está probado es la forma absolutamente escrupulosa con que nos abstuvimos de inmiscuirnos en los asuntos internos del país, a pesar de nuestra profunda simpatía por Bishop y nuestro rechazo total a la conspiración y el golpe de Coard y su grupo, que solo podían servir a los intereses del imperialismo y a sus planes de destruir la revolución granadina. Los mensajes con instrucciones precisas y categóricas a nuestra embajada en Granada, divulgados ampliamente por el gobierno de Cuba, constituyen una demostración irrebatible de la limpia posición de principios mantenida por la dirección de nuestro partido y nuestro Estado, en relación con los sucesos internos de Granada.

El carácter civil de la casi totalidad de los colaboradores cubanos en Granada, ha quedado demostrado ante el mundo entero por los cientos de periodistas extranjeros que los vieron llegar a nuestro país y tuvieron posibilidades de entrevistarlos, a todos y cada uno de ellos, cuyas edades casi en un 50 por ciento rebasan los 40 años.

¿Quién podría cuestionar su condición de colaboradores civiles y de obreros con largos años de experiencia en su trabajo?

Cuando los voceros del gobierno de Estados Unidos afirmaban que había en Granada, al producirse la invasión, entre 1 000 y 1 500 cubanos y que cientos de ellos continuaban luchando en las montañas, Cuba publicó la cifra exacta de los ciudadanos cubanos que se encontraban en Granada el día de la invasión: 784, incluido el personal diplomático con sus familiares e hijos. Se señalaron igualmente los organismos de donde procedían, las actividades a las que se dedicaban, las instrucciones que recibieron de combatir en sus áreas de trabajo y campamentos si eran atacados, y la imposibilidad, por las informaciones que poseíamos, de que pudieran quedar cientos en las montañas. Más tarde se publicaron los nombres y oficios de cada uno de los colaboradores y la situación conocida o probable de cada cual. Los hechos han demostrado que la información de Cuba se ajustaba rigurosamente a la verdad. No existe un solo dato de esa voluminosa información que haya podido ser desmentido.

Es igualmente mentirosa y cínica la afirmación de que los cubanos iniciaron las acciones hostiles. Lo cierto, lo irrefutable es que a la hora en que se produce el desembarco aéreo en la pista y en los alrededores de los campamentos, el personal cubano dormía y las armas se encontraban almacenadas: no habían sido distribuidas. En medio del desembarco aéreo fue cuando se distribuyeron las armas, que no alcanzaban para todos los colaboradores, y el personal cubano ocupó los lugares asignados para esa emergencia. Aún así nuestro personal, ya organizado y armado, tuvo tiempo de ver como se reagrupaban en la pista los paracaidistas norteamericanos y como aterrizaban los primeros aviones. Era el momento más débil de los invasores. Si los cubanos hubiesen disparado primero, habrían ocasionado decenas y quizás cientos de bajas a los norteamericanos en esas primeras horas [*Aplausos*]. Lo rigurosamente histórico, lo rigurosamente cierto es que los combates se iniciaron cuando las tropas de Estados Unidos avanzaron hacia los cubanos en son de guerra. Como también es cierto que cuando un grupo de colaboradores que estaban desarmados fueron capturados, se les utilizó como rehenes y fueron llevados delante de los soldados norteamericanos.

La invasión de Granada se produjo en forma sorpresiva y traicionera, sin ningún tipo de aviso o advertencia previa, estilo Pearl Harbor, estilo Nazi. La nota del gobierno de Estados Unidos al gobierno de Cuba el martes 25 de octubre, con la que se pretendía responder a nuestra nota del sábado 22, fue entregada a las 8:30 de la mañana, tres horas después del desembarco, y cuando hacía hora y media que sus tropas atacaban a nuestros compatriotas en Granada. Incluso en horas de la tarde del día 25, el gobierno de Estados Unidos envió un nota engañosa al gobierno de Cuba que hizo concebir la posibilidad de que los combates cesaran de una forma razonable y honrosa, evitando mayores derramamientos de sangre. A pesar de que esa nota fue respondida de inmediato aceptando esa posibilidad, lo que hizo el gobierno de Estados Unidos fue desembarcar en la madrugada del día 26 la 82 División Aerotransportada y atacar con todas sus fuerzas la posición cubana que quedaba resistiendo. ¿Es esa la conducta de un gobierno serio? ¿Es esa la forma de advertir sobre el ataque? ¿Era esa la forma de evitar mayores derramamientos de sangre?

El señor Scoon declaró paladinamente que él estaba de acuerdo con la invasión, pero que no le había solicitado previamente a nadie que invadiera Granada. Varios días después del desembarco es cuando el señor Scoon, que estaba albergado en el portahelicópteros *Guam,* firma una carta en la que solicita oficialmente la intervención. Reagan no acertaba a demostrar una sola de sus falsas afirmaciones.

Cuando se dijo que el buque *Vietnam Heroico,* que se encontraba en el puerto de Saint George's el día de la invasión, llevaba armas especiales, como un pretexto para que no fuera utilizado como medio de transporte para la evacuación de los rehenes cubanos en Granada, se indagó de inmediato con su capitán si llevaba por casualidad algún armamento a bordo, y lo que pudo precisarse es que solo llevaba un arma temible, su nombre: "Vietnam" [*Aplausos*].

La calumniosa imputación de que Cuba había dado instrucciones de realizar acciones contra ciudadanos norteamericanos en otros países, recibió adecuada y digna respuesta oficial y pública de nuestro gobierno, basada en el hecho real y probado por la historia de la revolución de que Cuba siempre ha sido opuesta a los actos de represalia contra personas inocentes.

El gobierno de Estados Unidos no se ha dignado ofrecer el número de detenidos ni el total de bajas granadinas, incluyendo las bajas de la población civil. Un hospital de dementes fue bombardeado causándose la muerte a decenas de enfermos.

¿Y dónde quedó la promesa del señor Reagan de que las tropas norteamericanas se retirarían en una semana? El propio presidente Reagan, en su primera alocución al pueblo norteamericano a las 8:30 de la mañana del día de la invasión, en un discurso elaborado antes del desembarco, afirmó que la situación había sido dominada, sus propios voceros ese mismo día describían la resistencia de que eran objeto las tropas invasoras. El paseo militar planificado por el Pentágono para ser ejecutado en cuatro horas, no contaba con la resistencia tenaz y heroica de los colaboradores cubanos y de soldados granadinos [*Aplausos*].

¿Quiénes han dicho la verdad y quiénes han mentido cínicamente sobre los hechos de Granada? A los periodistas extranjeros no se les permitió presenciar e informar sobre los acontecimientos en el terreno. Ni siquiera a la prensa norteamericana. Es superficial y ridícula la argucia de que se trataba de simples medidas de seguridad para los periodistas.

Lo que se pretendía obviamente era monopolizar y manipular la información, mentir sin obstáculo alguno a la opinión pública mundial y al propio pueblo de Estados Unidos. Era ésta la única forma de divulgar mentiras deliberadas y falsedades de todo tipo, que después de su impacto inicial y su efecto en el pueblo de Estados Unidos, no serían fáciles de aclarar y rebatir. Hasta en eso, el método empleado por la administración de Estados Unidos fue fascista.

¿Qué queda hoy en pie objetivamente de aquellas 19 afirmaciones? ¿Dónde están los silos para proyectiles estratégicos que se construían en Granada? Sin embargo, todas aquellas mentiras en las que el mundo no creyó, dichas por su presidente y sus voceros, produjeron un evidente impacto en la opinión pública de Estados Unidos.

Al pueblo norteamericano se le presentó, además, la invasión a Granada como una gran victoria de la política exterior de Reagan contra el campo socialista y el movimiento revolucionario. Se asoció el hecho con la trágica muerte de 240 soldados norteamericanos en Beirut, con el recuerdo de los rehenes en Irán, con la humillante derrota de Vietnam y con el resurgir del poderío y la influencia de Estados Unidos en el mundo. Se apeló de una forma sucia y deshonesta al patriotismo norteamericano, al orgullo del país, a la grandeza y la gloria de la nación.

Así se logró que una mayoría de la opinión pública norteamericana, se dice que el 65 por ciento primero, y después el 71 por ciento, apoyara el monstruoso crimen de invadir sin justificación alguna un país soberano, el repugnante método de atacar por sorpresa, la censura a la prensa y demás procedimientos similares empleados por el gobierno de Estados Unidos para justificar la invasión de Granada. Hitler no actuó de otra forma en 1938 cuando ocupó Austria y se anexó el territorio de los Sudetes en Checoslovaquia, en nombre también del orgullo alemán, la grandeza y la gloria alemana, la felicidad y la seguridad de los súbditos alemanes. Si se hubiese hecho entonces una encuesta en la Alemania hitleriana, en medio de la ola chovinista desatada por los nazis, un 80 o un 90 por ciento de la población habría aprobado esas agresiones.

El hecho real, lamentable y verdaderamente peligroso, no solo para los pueblos del Caribe, Centroamérica y América Latina, sino para todos los pueblos de la tierra, es que cuando la opinión mundial condenaba unánimemente la acción guerrerista, agresiva, injustificable, violatoria de la soberanía de los pueblos y de todas las normas y principios internacionales, la opinión mayoritaria de Estados Unidos, manipulada, desinformada y engañada, apoyó el monstruoso crimen cometido por su gobierno.

Hay algo más preocupante: al producirse este giro interno de la opinión pública, muchos políticos norteamericanos que inicialmente se opusieron a los hechos, terminaron plegándose a la acción de Reagan, y la prensa, censurada, humillada y mantenida al margen de los acontecimientos, terminó moderando sus quejas y sus críticas.

¿Son éstas acaso las virtudes de una sociedad donde la opinión y las instituciones políticas y de información pueden ser groseramente manipuladas por sus gobernantes, como lo fueron en la época del fascismo en la sociedad alemana? ¿Dónde están la gloria, la grandeza y la victoria de invadir y conquistar uno de los países más pequeños del mundo, sin ninguna significación económica ni estratégica? ¿Dónde ésta la proeza de luchar contra un puñado de obreros y colaboradores civiles, cuya heroica resistencia, a pesar de la sorpresa, la escasez de parque, la desventaja del terreno, de las armas y el número, frente a las fuerzas de aire, mar y tierra del país imperialista más poderoso del mundo, lo obligó a lanzar la 82 División Aerotransportada, cuando el último reducto era defendido al amanecer del 26 de octubre por apenas 50 combatientes? [*Aplausos*] Ni desde el punto de vista político, ni militar, ni moral, Estados Unidos obtuvo victoria alguna. En todo caso, una victoria militar pírrica y una profunda derrota moral, como señalábamos en otra ocasión.

El gobierno imperialista de Estados Unidos quiso matar el símbolo que significaba la revolución granadina, pero el símbolo estaba ya muerto. Lo habían destruido los propios revolucionarios granadinos con su división y sus errores colosales. A nuestro juicio, el proceso revolucionario de Granada, después de la muerte de Bishop y sus más allegados compañeros, después que el ejército disparó contra el pueblo, y el partido y el gobierno se divorciaron de las masas y se aislaron del mundo, no podía sobrevivir.

Estados Unidos, queriendo destruir un símbolo, mató a un cadáver, y a la vez resucitó el símbolo [*Aplausos*]. ¿Desafiar para eso todas las leyes internacionales y ganarse el repudio y la condena del mundo?

¿Es tal el desprecio que se siente por el resto de la humanidad? ¿Es verídico hasta tal grado ese desprecio, que no afectó en lo más mínimo el apetito estomacal del señor

Reagan en el desayuno del día 3 de noviembre, como él mismo declaró a la prensa?

Si todo esto fuera desgraciadamente cierto, y parece serlo, la invasión de Granada nos debe conducir a tomar conciencia de las realidades y los peligros que amenazan al mundo.

El señor O'Neill, presidente de la Cámara de Representantes, dijo que era pecaminoso que un hombre totalmente desinformado, ignorante de los problemas internacionales, que no lee siquiera los documentos, fuera presidente de Estados Unidos. Pero si se toma en cuenta que Estados Unidos posee poderosos y sofisticados medios de guerra convencional y nuclear, y el presidente de ese país sin consultar a nadie puede iniciar una guerra, no es solo pecaminoso, sino puede llegar a ser verdaderamente dramático y trágico para toda la humanidad.

Un aire triunfalista reina en la administración Reagan. Apenas se han apagado los ecos de los últimos disparos en Granada y ya se habla de intervenciones en El Salvador, en Nicaragua e incluso en Cuba.

En el Medio Oriente y en el África austral, no cesan las injerencias y las agresiones militares del imperialismo contra los países progresistas y el movimiento de liberación nacional.

En Europa se instalan ya los primeros cohetes Pershing y Crucero de los 572 que se proponen desplegar allí rodeando a la URSS y demás países socialistas de un anillo mortífero de armas nucleares, que pueden alcanzar sus territorios en cuestión de minutos.

No son solo los países pequeños, toda la humanidad está amenazada. Las campanas que hoy doblan por Granada pueden doblar mañana por el mundo entero.

Los científicos y los médicos más prestigiosos y experimentados aseguran que el hombre no podría sobrevivir a un conflicto nuclear global. La potencia destructora de las armas de este tipo acumuladas supera un millón de veces las rústicas bombas que en cuestión de segundos aniquilaron las ciudades de Hiroshima y Nagasaki. A esto puede conducir la política agresiva y guerrerista de la administración Reagan.

Por lo pronto, la carrera armamentista es ya una realidad en medio de la crisis económica más aguda que ha conocido el mundo desde los años treinta, y cuando están por resolver los problemas del desarrollo de la inmensa mayoría de los pueblos de la tierra. ¿A quién puede inspirar confianza un gobierno que actúa con la precipitación, la irreflexibilidad y el cinismo con que actuó el gobierno de Estados Unidos en Granada? Ni siquiera se dignó Reagan a escuchar los consejos de un gobierno tan estrechamente vinculado a él en lo político, en lo ideológico y lo militar como el de Inglaterra. No es extraño que en una encuesta realizada hace breves días, más del 90 por ciento de los ciudadanos ingleses se mostró categóricamente en desacuerdo con que Estados Unidos tenga la prerrogativa unilateral de emplear los cohetes crucero que allí comienzan a instalarse.

En el ámbito de nuestro hemisferio, hace apenas un año y medio una potencia de la OTAN usó medios sofisticados de guerra para derramar sangre argentina en Las Malvinas. El gobierno de Reagan apoyó esa acción. Para nada tuvo en cuenta entonces a la Organización de Estados Americanos y los llamados acuerdos y pactos de seguridad. Los echó a un lado despectivamente. Ahora, apoyándose en la supuesta solicitud de una fantasmagórica Organización de Estados del Caribe Oriental, invade Granada y derrama sangre caribeña y sangre cubana. En Nicaragua, por encima del precio de 40 mil vidas pagadas para conquistar la libertad, casi mil hijos de ese noble pueblo han muerto ya como consecuencia de los ataques de las bandas mercenarias que organiza, entrena y suministra el gobierno de Estados Unidos. En El Salvador más de 50 mil personas han sido asesinadas por un régimen genocida cuyo ejército es suministrado, entrenado y dirigido por Estados Unidos. En Guatemala pasan de 100 mil los que han muerto a manos del sistema represivo que instaló la CIA en 1954, cuando derrocó al gobierno progresista de Arbenz. ¿Y cuántos han muerto en Chile desde que el imperialismo promovió el derrocamiento y asesinato de Salvador Allende? ¿Cuántos han muerto en Argentina, en Uruguay, en Paraguay, en Brasil, en Bolivia en los últimos 15 años?

¡Qué caro han costado a nuestros pueblos en sangre, sacrificio, miseria y luto el dominio imperialista y los sistemas sociales injustos que ha impuesto a nuestras naciones!

El imperialismo se empeña en destruir símbolos, porque conoce el valor de los símbolos, del ejemplo, de las ideas. Quiso destruirlos en Granada, quiere destruirlos en El Salvador, en Nicaragua, en Cuba. Pero los símbolos, los ejemplos, las ideas no pueden ser destruidos [*Aplausos*], y cuando sus enemigos creen haberlos destruido, lo que han hecho en realidad es multiplicarlos [*Aplausos*]. Tratando de exterminar a los primeros cristianos, los emperadores romanos difundieron el cristianismo por el mundo. Así, todo intento por destruir nuestras ideas solo conseguirá multiplicarlas.

Granada ha multiplicado ya la convicción patriótica y el espíritu combativo de los revolucionarios salvadoreños, de los nicaragüenses, de los cubanos [*Aplausos*]. Está demostrado que se puede combatir contra sus mejores tropas y que no se les teme [*Fuertes aplausos y exclamaciones*]. No debe ser ignorado por los imperialistas que encontrarán feroz resistencia dondequiera que agredan a un pueblo revolucionario. Ojalá que la pírrica victoria de Granada y la atmósfera triunfalista que los embriaga no los conduzca a graves e irreversibles errores.

Las peculiares circunstancias de división entre los revolucionarios y el divorcio con el pueblo que encontraron en la pequeña Granada no las encontrarán en El Salvador, en Nicaragua, ni en Cuba [*Aplausos estruendosos y exclamaciones*].

Los revolucionarios salvadoreños, en más de tres años de heroica lucha, se han convertido en combatientes experimentados, temibles, invencibles. Son miles de hombres que conocen el terreno palmo a palmo, veteranos de decenas de combates victoriosos, acostumbrados a luchar y vencer en proporción de uno a diez contra tropas élites entrenadas, armadas y asesoradas por Estados Unidos. Su unidad es más sólida e indestructible que nunca.

En Nicaragua tendrían que enfrentarse a un pueblo profundamente patriótico y revolucionario, unido, organizado, combativo, y armado, que no podrá ser sometido jamás [*Aplausos y exclamaciones*].

Con relación a Cuba, si en Granada necesitaron una división élite para combatir contra un puñado de hombres que luchaban aislados en un pequeño reducto, sin fortificación alguna, a mil millas de su patria, ¿cuántas divisiones necesitarían contra millones de combatientes en su propio suelo, junto a su propio pueblo? [*Aplausos prolongados y exclamaciones.*]

Nuestro país —lo hemos dicho otras veces— podrá ser barrido de la faz de la tierra, pero jamás podrá ser conquistado y sometido. [*Aplausos prolongados y exclamaciones de: "Comandante en Jefe, ¡Ordene!"*]

En las condiciones actuales de nuestro continente, una guerra de Estados Unidos contra un pueblo latinoamericano levantaría el espíritu y volcaría el sentimiento de todos los pueblos de América Latina contra los agresores. Un abismo insondable se abriría entre pueblos que, por encontrarse situados en el mismo hemisferio, están llamados a vivir y cooperar en paz, amistad y respeto mutuo.

Las experiencias de Granada serán analizadas detalle a detalle, para extraer de ellas el máximo provecho en caso de que se vuelva a producir una agresión donde se encuentren colaboradores cubanos, o en nuestra propia patria [*Aplausos y exclamaciones*].

Los cubanos que fueron capturados y convertidos virtualmente en rehenes, vivieron una experiencia inolvidable de lo que es un país ocupado por tropas invasoras yanquis. El tratamiento físico y psicológico a los colaboradores prisioneros fue indignante y vejaminoso, y a cada uno de ellos le ofrecieron, al final, marcharse a Estados Unidos con promesas de todo género. Pero no pudieron quebrantar su firmeza de acero. Ni uno solo desertó de su patria [*Aplausos estruendosos y exclamaciones*].

No hicimos en nuestro país ninguna manipulación de las noticias, ni se ocultó nada al pueblo. Todas las informaciones recibidas directamente de Granada a raíz de la invasión fueron transmitidas a nuestra población tal como llegaban, aunque las del 26 de octubre resultaron exageradas. Como principio, en ningún instante se trató de disminuir la gravedad de los hechos ni la magnitud de los riesgos que corrían nuestros compatriotas.

Agradecemos profundamente al Comité Internacional

de la Cruz Roja [*Aplausos*] el interés que mostró y la dedicación y el esfuerzo eficaz que realizó para la más rápida identificación y evacuación de heridos, enfermos, demás prisioneros y muertos. Agradecemos también a los gobiernos de España y Colombia las gestiones que inicialmente hicieron en este sentido [*Aplausos*].

Al despedir a nuestros entrañables hermanos caídos heroicamente en combate cumpliendo con honor sus deberes patrióticos e internacionalistas, y al expresarles a sus seres queridos nuestra solidaridad más profunda, no olvidemos que hay madres granadinas y madres norteamericanas que lloran a sus hijos muertos en Granada [*Aplausos*]. A las madres y demás familiares de los granadinos caídos enviamos nuestras condolencias, y también a las madres y los familiares de los norteamericanos muertos, porque ellos, que sufren igualmente la pérdida de seres allegados, no son responsables sino víctimas de las aventuras guerreristas y agresivas de su gobierno [*Fuertes aplausos*].

Cada día, cada hora, cada minuto, en nuestros puestos de trabajo, de estudio, o de combate, tendremos presentes a nuestros muertos en Granada [*Aplausos*].

Esos hombres a quienes enterraremos esta tarde lucharon por nosotros y por el mundo. Pueden parecer cadáveres, en cadáveres quiere convertir Reagan a todo nuestro pueblo, hombres, mujeres, ancianos y niños. En cadáveres puede convertir a la humanidad entera. Pero los pueblos lucharán por preservar su independencia y su vida, lucharán para evitar que el mundo sea convertido en un inmenso cementerio, lucharán y pagarán el precio que sea necesario para que la humanidad sobreviva.

Sin embargo, ellos no son cadáveres: ¡son símbolos! Ellos no murieron siquiera en la propia tierra que los vio nacer. Allá, lejos de Cuba, donde aportaban el noble sudor de su trabajo internacionalista para un país más pobre y más pequeño que el nuestro, fueron capaces de dar también su sangre y sus vidas. Pero en aquella trinchera ellos sabían que estaban defendiendo también a su pueblo y a su patria. No es posible expresar en forma más pura la generosidad y capacidad de sacrificio del ser humano. ¡Su ejemplo se multiplicará, sus ideas se multiplicarán y ellos mismos se multiplicarán en nosotros! ¡No habrá poder, no habrá armas, no habrá fuerzas que puedan prevalecer jamás sobre el patriotismo, el internacionalismo, los sentimientos de fraternidad humana y la conciencia comunista que ellos representaron!

¡Seremos como ellos en el trabajo y en el combate!

¡Patria o muerte!

¡Venceremos! [*Ovación.*]

[*La multitud entonó entonces 'La Internacional'.*]

MÁS LECTURA

El segundo asesinato de Maurice Bishop

STEVE CLARK

Examina los logros de la revolución de 1979–83 en la isla caribeña de Granada. Explica el origen de la contrarrevolución que en 1983 llevó al asesinato de Bishop y a la destrucción del gobierno de trabajadores y agricultores por parte de una facción política en el gobernante Movimiento de la Nueva Joya. US$6. También en inglés y francés.

Maurice Bishop Speaks

The Grenada Revolution and Its Overthrow, 1979–83

(Habla Maurice Bishop: La revolución granadina y su derrocamiento, 1979–83)

El triunfo de la revolución en 1979 en Granada tuvo "importancia para todas las luchas a nivel mundial", dijo Maurice Bishop, su dirigente central. En esta colección se pueden hallar lecciones valiosas de ese gobierno de trabajadores y agricultores, derrocado en un golpe de estado dirigido por estalinistas. En inglés. US$20

Cuba y la revolución norteamericana que viene

JACK BARNES

Un libro sobre el ejemplo del pueblo cubano: que una revolución socialista no solo es necesaria sino es posible. Sobre las luchas del pueblo trabajador, y los jóvenes atraídos a ellas, en Estados Unidos, donde hoy las fuerzas gobernantes descartan las capacidades revolucionarias de los trabajadores tanto como descartaron las del pueblo cubano. Y de forma igualmente errada. US$10. También en inglés, francés y persa.

PROGRAMA COMUNISTA Y LA CONSTRUCCIÓN DE UN PARTIDO PROLETARIO

Ya superamos el punto más bajo de la resistencia del pueblo trabajador

El Partido Socialista de los Trabajadores mira hacia adelante

JACK BARNES, MARY-ALICE WATERS
STEVE CLARK

El orden global impuesto por Washington tras su victoria en la Segunda Guerra Mundial se está desmoronando. Se acabó el largo repliegue de la clase obrera y los sindicatos. Los patrones y su gobierno aumentan sus ataques a nuestros salarios, condiciones y derechos constitucionales. Este libro destaca las oportunidades para forjar un partido obrero de masas capaz de dirigir una lucha que ponga fin al dominio capitalista y abra paso a un futuro socialista para la humanidad. US$10. También en inglés, francés y griego.

El trabajo, la naturaleza y la evolución de la humanidad

La visión larga de la historia

FEDERICO ENGELS, CARLOS MARX
GEORGE NOVACK, MARY-ALICE WATERS

Sin comprender que el trabajo social, al transformar la naturaleza, ha impulsado la evolución de la humanidad durante millones de años, los trabajadores no podremos ver más allá de la época capitalista de explotación de clases que deforma todas las relaciones, ideas y valores humanos. Solo la conquista revolucionaria del poder estatal por la clase trabajadora podrá abrir la puerta a un mundo libre de la explotación capitalista, degradación de la naturaleza, subyugación de la mujer, racismo y guerras. Un mundo basado en la solidaridad humana. Un mundo socialista. US$12. También en inglés y francés.

LA CLASE TRABAJADORA Y LA LUCHA CONTRA EL ODIO ANTIJUDÍO

¡Nuevo!

La lucha contra el odio antijudío y los pogromos en la época imperialista

Lo que está en juego para la clase trabajadora internacional

V.I. LENIN, LEÓN TROTSKY
FARRELL DOBBS
JAMES P. CANNON, JACK BARNES
DAVE PRINCE

El odio antijudío y los pogromos —como el que Hamás desató el 7 de octubre de 2023— hoy son parte de las permanentes convulsiones sociales y guerras de la época imperialista. Por eso, combatir el odio a los judíos es decisivo para la clase trabajadora y las naciones oprimidas de todo el mundo. Los autores responden a la pregunta primordial: *Qué hacer para ponerle fin* de una vez por todas. US$10. También en inglés y francés.

La cuestión judía

Una interpretación marxista

ABRAM LEON

La batalla contra las fuerzas reaccionarias que buscan exterminar a los judíos sigue siendo crucial en la política mundial, como lo demostró el pogromo genocida en octubre de 2023 en Israel. ¿Por qué sigue resurgiendo el odio antijudío? ¿Cuáles son sus raíces de clase? ¿Por qué, como explica Abram Leon, no hay solución "independientemente de la revolución proletaria mundial"? Con una traducción revisada, nueva introducción y 40 páginas de ilustraciones y mapas. US$17. También en inglés y francés.

DE PATHFINDER

Malcolm X, la liberación de los negros y el camino al poder obrero

JACK BARNES

El poder estatal conquistado por una vanguardia de la clase trabajadora es el arma más poderosa que los trabajadores pueden empuñar contra el racismo y la opresión de los negros, así como contra el odio a los judíos y toda forma de degradación humana heredada de la sociedad de clases. US$20. También en inglés, francés, persa, árabe y griego.

Los tribunos del pueblo y los sindicatos

CARLOS MARX, V.I. LENIN, LEÓN TROTSKY
FARRELL DOBBS, JACK BARNES

Un tribuno del pueblo utiliza cada ejemplo de opresión capitalista para explicar por qué los trabajadores, en las batallas de clases, romperán con los partidos patronales, organizarán una lucha revolucionaria por el poder estatal y sentarán las bases para un mundo socialista de solidaridad humana. US$12. También en inglés, francés, persa y griego.

El viraje a la industria: Forjando un partido proletario

JACK BARNES

Un libro sobre el programa, la composición y el curso de conducta proletario del único tipo de partido digno del nombre de "revolucionario" en la época imperialista. Un partido que reconozca el hecho más revolucionario de esta época: la capacidad del pueblo trabajador de cambiar la sociedad cuando nos organizamos y actuamos contra la clase capitalista. Trata sobre la construcción de ese partido en Estados Unidos y otros países capitalistas. US$15. También en inglés, francés, persa y griego.

LA REVOLUCIÓN SOCIALISTA CUBANA

¡Nueva edición!

Che Guevara sobre economía y política en la transición al socialismo

CARLOS TABLADA

Es esencial que el pueblo trabajador tome el poder estatal, dijo Ernesto Che Guevara. "Después viene la segunda etapa, quizás más difícil que la anterior", la transición desde el capitalismo y sus valores despiadados hacia el socialismo. Esto incluye pasar del trabajo como condición obligatoria para la supervivencia, hacia el trabajo social voluntario a través del cual expresamos nuestra humanidad común. Incluye el discurso de Fidel Castro de 1987 "Las ideas del Che son de una vigencia absoluta". Nueva edición con selecciones ampliadas de los escritos de Guevara. US$17. También en inglés y próximamente en francés.

Las mujeres en Cuba: Haciendo una revolución dentro de la revolución

VILMA ESPÍN, ASELA DE LOS SANTOS
YOLANDA FERRER

La integración de las mujeres a las filas y dirección de la Revolución Cubana fue parte inseparable de la trayectoria proletaria de esta desde el principio. Esta es la historia de esa revolución y cómo transformó a las mujeres y los hombres que la hicieron. US$17. También en inglés, persa y griego.

El socialismo y el hombre en Cuba

ERNESTO CHE GUEVARA, FIDEL CASTRO

"El hombre realmente alcanza su plena condición humana cuando produce sin la compulsión de la necesidad física de venderse como mercancía". —*Ernesto Che Guevara*, 1965. US$10. También en inglés, francés, persa y griego.

LA CRISIS CAPITALISTA Y LA LUCHA POR EL PODER OBRERO

¿Son ricos porque son inteligentes?

Clase, privilegio y aprendizaje en el capitalismo

JACK BARNES

Expone las crecientes desigualdades de clase en EEUU y las justificaciones de las capas profesionales bien remuneradas que creen que su "brillantez" las califica para "regular" a los trabajadores, quienes supuestamente no sabemos lo que nos conviene. US$10. También en inglés, francés, persa, árabe y griego.

Rebelión Teamster

FARRELL DOBBS

Sobre las huelgas de 1934 que lograron la sindicalización de camioneros y trabajadores de depósitos en Minneapolis y allanaron el camino para el movimiento social obrero que forjó los sindicatos industriales. El primero de cuatro tomos narrados por un dirigente central de estas batallas. US$16. También en inglés, francés, persa y griego.

Malcolm X habla a la juventud

"La joven generación de blancos, negros, morenos y demás: ustedes viven en tiempos de revolución", dijo Malcolm X en diciembre de 1964. "Yo me sumaré a quien sea, no me importa de qué color seas, siempre que quieras cambiar la situación miserable que existe en este mundo". Cuatro charlas y entrevistas que Malcolm dio en los últimos meses de su vida. US$12. También en inglés, francés, persa y griego.

Los cañonazos iniciales de la Tercera Guerra Mundial: El ataque de Washington contra Iraq

JACK BARNES

El ataque asesino contra Iraq en 1990–91 anunció crecientes conflictos entre las potencias imperialistas, una mayor inestabilidad del capitalismo y más guerras. También incluye:

1945: Cuando las tropas norteamericanas dijeron '¡No!'
por Mary-Alice Waters

Lecciones de la guerra Irán-Iraq
por Samad Sharif

En *Nueva Internacional* no. 1. US$14. También en inglés, francés y persa.

The Transitional Program for Socialist Revolution

(El programa de transición para la revolución socialista)

LEÓN TROTSKY

El programa del Partido Socialista de los Trabajadores, redactado por Trotsky en 1938, sigue guiando al PST y a comunistas por todo el mundo. El partido "combate intransigentemente a todas las agrupaciones políticas que están atadas a las faldas de la burguesía. Su tarea: la abolición del dominio capitalista. Su objetivo: el socialismo. Su método: la revolución proletaria". En inglés y persa. US$17

El historial antiobrero de los Clinton

Por qué Washington le teme al pueblo trabajador

JACK BARNES

Lo que el pueblo trabajador necesita saber sobre el curso, impulsado por el lucro, que han seguido los demócratas y republicanos por igual en los últimos 30 años. Y el despertar político de los trabajadores que buscan entender y resistir los ataques de los gobernantes capitalistas. US$10. También en inglés, francés, persa y griego.

AMPLÍE SU BIBLIOTECA REVOLUCIONARIA

La última lucha de Lenin

Discursos y escritos, 1922–23

V.I. LENIN

En 1922 y 1923, V.I. Lenin, dirigente central de la primera revolución socialista, libró su última batalla política, lucha que tras su muerte se perdió. Lo que estaba en juego era si esa revolución, y el movimiento comunista internacional que ésta dirigía, mantendría el curso proletario que había llevado al poder a los trabajadores y campesinos en octubre de 1917. US$17. También en inglés, persa y griego.

El Manifiesto Comunista

CARLOS MARX Y FEDERICO ENGELS

El comunismo, según explican los dirigentes fundadores del movimiento obrero revolucionario, no es un conjunto de ideas o "principios" preconcebidos sino el camino de la clase obrera hacia el poder, que surge de un "movimiento que se desarrolla ante nuestros ojos". US$5. También en inglés, francés, persa y árabe.

Colombia: Fidel Castro sobre el debate acerca de la estrategia revolucionaria y lecciones de la Revolución Cubana

DE LAS PÁGINAS DEL *MILITANTE*

Fidel Castro describe las iniciativas de la dirección cubana para poner fin a décadas de guerra entre el movimiento guerrillero FARC y el brutal régimen colombiano. Explica por qué los revolucionarios cubanos, a diferencia del liderazgo de las FARC, rechazaron la práctica de tomar rehenes y organizaron a los trabajadores para tomar el poder estatal en vez de librar una "guerra popular prolongada". US$5. También en inglés.

El socialismo en el banquillo de los acusados

Testimonio en el juicio por sedición en Minneapolis

JAMES P. CANNON

El programa revolucionario de la clase trabajadora, presentado en respuesta a cargos fabricados de "conspiración sediciosa" en 1941, en vísperas del ingreso de Washington a la Segunda Guerra Mundial. Los acusados eran dirigentes del movimiento obrero en Minneapolis y del Partido Socialista de los Trabajadores. US$15. También en inglés, francés y persa.

Los cosméticos, las modas y la explotación de la mujer

JOSEPH HANSEN, EVELYN REED, MARY-ALICE WATERS

Explica cómo los capitalistas refuerzan la posición de segunda clase de la mujer para extraer ganancias. De dónde proviene la opresión de la mujer. Y cómo la integración de millones de mujeres a la fuerza laboral fortalece la batalla por su emancipación. US$12. También en inglés, persa y griego.

Libros de Pathfinder **accesibles en formato e-book** para personas no videntes, de baja visión o con otros retos para leer libros impresos.

Para obtener una lista de libros disponibles, visite: pathfinderpress.com/collection/books-for-the-blind.

Para inscribirse, visite bookshare.org.

PATHFINDER POR EL MUNDO

ESTADOS UNIDOS
(y América Latina, el Caribe y el este de Asia)

Pathfinder Books, 306 W. 37th St., 13th Floor
New York, NY 10018

CANADÁ

Pathfinder Books, 7107 St. Denis, Suite 204
Montreal, QC H2S 2S5

REINO UNIDO
(y Europa, África, el Medio Oriente y el sur de Asia)

Pathfinder Books, 5 Norman Rd.
Seven Sisters, London N15 4ND

AUSTRALIA
(y Nueva Zelanda, el sureste de Asia y Oceanía)

Pathfinder Books, Suite 2, First floor, 275 George St.
Liverpool, Sydney, NSW 2170
Dirección Postal: P.O. Box 73, Campsie, NSW 2194

ÚNASE AL CLUB DE LECTORES DE PATHFINDER
¡AMPLÍE SU BIBLIOTECA!

$10 POR AÑO
25% DESCUENTO PARA TODOS LOS TÍTULOS
30% DESCUENTO PARA LOS LIBROS DEL MES
Válido en pathfinderpress.com y los centros locales de libros Pathfinder

Visite: pathfinderpress.com/products/pathfinder-readers-club

Pathfinder
pathfinderpress.com